Ulmer Taschenbuch 9

Horst Bielfeld

Einheimische Singvögel

Schutz, Pflege und Aufzucht

Zweite Auflage
54 Farbfotos
31 Zeichnungen

E.U.
VERLAG
EUGEN
ULMER

Zeichnungen von Claudia Hosslin, Therwil (Schweiz)
Umschlagfoto: Kernbeißer
Foto Seite 2: Rotkehlchen
Fotos Seite 8: Junge Amseln
Fotos Seite 9: Rotkehlchen (links) und Buchfink (rechts)

CIP Titelaufnahme der Deutschen Bibliothek

Bielfeld, Horst:
Einheimische Singvögel: Schutz, Pflege u. Aufzucht/
Horst Bielfeld. –
2. Aufl. – Stuttgart: Ulmer 1990
(Ulmer-Taschenbuch; 9)
ISBN 0-8001-6800-6
NE: GT

Wollgrasweg 41, 7000 Stuttgart 70 (Hohenheim)
Printed in Germany
Satz: Typobauer Filmsatz GmbH, Ostfildern 3
Druck und Bindung: Georg Appl, Wemding

Zum Geleit

Wenn ich an den Beginn des Geleitwortes die mahnenden Worte des langjährigen verdienstvollen Präsidenten des DBV, Dr. Claus König, stelle, die er in der Zeitschrift seiner Organisation „Wir und die Vögel“ vor einigen Jahren an die Mitglieder richtete, so geschieht das aus gutem Grund. Nach langem ergebnislosem Meinungsstreit zwischen radikaler Ablehnung jeglicher Vogelhaltung und begrenzter, kontrollierter Zulassung der Vogelpflege als eines Weges zum Vogelschutz, hatte er sich für die letztere Methode entschieden. „Vogelhaltung und Vogelschutz sind durchaus miteinander vereinbar, sie können sich sogar ergänzen!“ schrieb er und gab Gegnern seiner Meinung den Rat, „nicht das Kind mit dem Bade auszuschütten“, womit er sich gegen die Extremisten wandte, die jede Gemeinsamkeit der einen mit den anderen ausschlossen.

Diese Worte stehen fest und nach ihnen richtete sich weithin das Verhalten der DBV-Gruppen in Stadt und Land und ihr Verhältnis zu den Vereinen, die sich der Vogelpflege verschrieben haben. Viele von ihnen sind gut damit gefahren und ihre Aktivität weitete sich entsprechend aus: bei der Vogelpflege betreiben sie auch die Züchtung mancher einheimischer Arten mit nachweisbarem Erfolg und wirken so für den Artenschutz. Kaum geringer ist aber ihr Engagement für die Erhaltung bedrohter Lebensstätten selten gewordener Vogelarten, der in unserer Landschaft fast noch wichtiger ist und unmittelbare Hilfe braucht. Dieser doppelte Einsatz prägt sich vielfach in ihren Namen als Vereine für Vogelschutz und Vogelpflege aus und wird auch entsprechend anerkannt.

So ist die Einstellung der Mehrheit unserer Vogelhalter und -pfleger – ist daran etwas zu kritisieren? Dr. König hat sein Urteil nicht leichtfertig oder vom grünen Tisch abgegeben, so wie dies andere heute oftmals tun. Biologische Erkenntnisse sind aber nicht durch Schlagworte oder militante Maßnahmen selbsternannter „Vogelschutzwarte“ oder „Ornithologen“ zu ersetzen, die sich überall in den Vordergrund drängen und leider oft auch gehört werden. Lassen wir uns aber nicht irre machen in unserem Streben, Vogelschutz und Vogelhaltung sinnvoll miteinander zu verbinden. Dazu soll das vorliegende Büchlein einen Beitrag leisten.

Dr. Joachim Steinbacher
Präsident des Verbandes
deutscher Waldvogelpfleger
und Vogelschützer e.V.

Vorwort

Unsere Natur ist in einem besorgniserregenden Zustand. Das zeigen uns die freilebenden Vögel an. Sie reagieren auf Umweltveränderungen am empfindlichsten – leider häufig mit ihrem Tod.
Da die großen Umweltzerstörer wie die Behörden mit ihrer Flurbereinigung, die Landwirtschaft, die chemische Industrie, die Kraftwerke, die Straßenbauer und wir Autofahrer nicht leicht zur Verantwortung gezogen werden können, versuchen einige übereifrige Naturschützer statt dessen, den wenigen noch aktiven Vogelliebhabern die Schuld für das heutige Vogelsterben zuzuschieben. Sie werden angegriffen, eingeschüchtert und diffamiert, oft sogar genötigt, ihre jahrelang gepflegten und meist selbst gezüchteten Vögel freizulassen. Dies spricht von einer Unkenntnis und Unsachlichkeit, die kaum noch zu überbieten ist. Denn gerade sie sollten wissen, daß von den Vogelarten, die in der Natur sehr selten geworden sind, kaum welche von Züchtern gehalten, und schon gar nicht gefangen werden. Die Zeiten, da Waldvögel in großer Zahl gefangen und im Handel an jedermann veräußert wurden, sind seit Jahren vorbei, was natürlich auch von den verantwortungsbewußten Vogelpflegern begrüßt wird.
Wer heute Waldvögel hält, weiß sie auch artgerecht zu pflegen und zu versorgen, meistens auch zu züchten.
Eine vertrauensvolle Zusammenarbeit zwischen Vogelzüchtern, Naturschutzbeauftragten und Vogelschützern (viele von ihnen sind auch Vogelzüchter) sollte in diesen bedrohlichen Zeiten für unsere Natur und Vogelwelt angestrebt und verwirklicht werden. Dabei wird sich zeigen, daß jede Seite ihren Anteil zum Wohle der Vögel erbringen kann.
Schon wenn durch Zucht die Bestände der sogenannten »Waldvögel« in Liebhaberhand erhalten und vermehrt werden können, ist das ein Erfolg. Und wie die Veröffentlichungen in deutschen und ausländischen Fachzeitschriften beweisen, ist es den privaten Vogelzüchtern heute möglich, die heikelsten Arten zu züchten. Immer mehr Freizeit erhält der berufstätige Mensch, und damit immer mehr die Möglichkeit, ein Artenschützer durch Vogelzucht zu werden. Was in der erkrankten Natur nicht mehr überleben kann, würde so vielleicht vor dem Aussterben gerettet werden können. Für die kleineren Vogelarten kann der private Züchter besser sorgen, als dies Zoos und Vogelparks vermögen. Bezahlte Tierpfleger, mögen sie noch so gut und verantwortungsbewußt sein, können einfach nicht so viel Zeit und Engagement aufbringen, wie dies erforderlich und für einen Liebhaber selbstverständlich ist. Er hat das Auge für die Bedürfnisse seiner Vögel. Das zeigen vor allem die vielen Zuchterfolge ganz deutlich.
Die Vogelliebhaber sollen hiermit aufgerufen werden, durch artgerechte Unterbringung, Haltung und Fütterung die Vögel in ihrer Obhut optimal zu versorgen. Sie sollen untereinander dafür sorgen, daß einzeln gehaltene Partner zu Paaren zusammengeführt werden, damit ihre Zucht ermöglicht wird. Außerdem sollen sie geographische Rassen nicht vermischen und keine Mischlinge mehr züchten, etwa mit Kanarien. Dafür sind die Vögel zu schade – und darunter leidet unser Anspruch auf Ernst-

haftigkeit, mit der wir Artenschutz durch Zucht betreiben wollen.
Meine Hoffnung ist, daß viele Mitmenschen durch dieses Büchlein ermuntert werden, Vögel zu pflegen, nach Möglichkeit einheimische Arten. Nur so können wir der Naturentfremdung am wirkungsvollsten begegnen. Wer ein Geschöpf unserer Natur pflegt, wird die Natur lieben und erhalten.
Auch wünsche ich, daß dieses Büchlein Brücken zu schlagen vermag zwischen zwei Gruppen, die beide die Vögel lieben, die sich aber durch Fehler auf beiden Seiten einander entfremdet haben. Es soll eine fruchtbare und sachliche Diskussion anregen, zum Wohle unserer heimischen Vögel.
Diejenigen Menschen, die Einfluß auf unsere Gesetzgebung nehmen, sollen durch diese Überlegungen zum Nachdenken veranlaßt werden, damit die Naturverbundenheit der Mitmenschen nicht durch übertriebene Haltungsverbote total in Gleichgültigkeit und Resignation endet.
Vielleicht wächst dieses Büchlein heran und wird zu einem Leitfaden, in dem von möglichst vielen europäischen Vögeln Halte- und Zuchtberichte enthalten sind. Dort möchte ich dann berichten können, daß viele Exemplare vieler Arten, körperlich und wesensmäßig intakt, von den Züchtern in die freie – und hoffentlich bald wieder gesundende – Natur entlassen wurden. Dazu müßten die Fachzeitschriften jährlich Listen veröffentlichen, welche und wieviele Vögel gezüchtet und ausgewildert wurden.

Hamburg, Sommer 1984
Horst Bielfeld

Inhalt

Zum Geleit 5
Vorwort 6

Grundsätzliches zur Haltung einheimischer Vögel 11
Die Vogelwelt und die Umweltzerstörung 11
Singvögel in Menschenhand? 12
Gesetzliche Bestimmungen zur Vogelhaltung 16
Vogelhaltung im Interesse der Arterhaltung 18
Einige wichtige Voraussetzungen 20
Beringung und Zuchtnachweis 22
Das Auswildern 25

Was wir für die freilebenden Vögel tun können 27
Nisthilfen bieten 27
Schutz den Nistplätzen 30
Aufpäppeln verlassener Nestlinge 32
Erste Hilfe für verletzte Vögel 38
Tränke und Bad 40
Winterfütterung 42

Erfahrungen aus der Haltung einheimischer Vögel 48
Die artgerechte Unterbringung 48
Käfig und Voliere 49
Ernährung 55
Körnerfutter 55
Keimfutter 59
Grünfutter, Obst und Beeren 60
Tierische Nahrung 62
Vitamine, Mineralstoffe, Spurenelemente 65
Trinkwasser 66
Pflege 66
Krankheiten 67
Zucht 70

Einheimische Vogelarten 72
Haussperling 72
Bergfink 75
Buchfink 79
Gimpel 84
Kernbeißer 88
Grünling 90
Stieglitz 93
Zeisig 96
Birkenzeisig 99
Hänfling 101
Girlitz 104
Fichtenkreuzschnabel 107
Heckenbraunelle 111
Singdrossel 113
Amsel 115
Rotkehlchen 117
Star 120

Verzeichnisse 124
Vereine und Verbände 124
Literatur 124

Register 126

In den letzten Jahren ist die scheue Singdrossel zum vertrauten Bewohner unserer Gärten und Parkanlagen geworden.

Grundsätzliches zur Haltung einheimischer Vögel

Die Vogelwelt und die Umweltzerstörung

In erschreckendem Maße sind unsere einheimischen Vogelbestände in den letzten Jahrzehnten, besonders in den letzten Jahren zurückgegangen. Die Gründe dafür sind verschiedener Art, doch sind fast alle in der Technisierung unserer Umwelt zu sehen. Auf die Natur und ihre Tiere wurde und wird in fast keinem Fall Rücksicht genommen. Dem Fortschritt, den größeren Erträgen, der leichteren Nutzung von Land, Wald und Gewässern hat sich alles unterzuordnen. Auch den zunehmenden Freizeiteinrichtungen fallen viele Naturräume zum Opfer.
Der schwerwiegendste Grund für den Rückgang der Vogelbestände ist die Flurbereinigung. Um besser mit Maschinen größere zusammenhängende Landflächen bearbeiten zu können, mußten unzählige Knicks, Hecken, Feldgehölze und Ödländer weichen. Moore, Bäche und Tümpel wurden zugeschüttet, Feuchtwiesen trockengelegt. Wie Einhard Bezzel in seinem Buch »Vögel in der Kulturlandschaft« schreibt, sind allein in Schleswig-Holstein von ehemals 70000 km Knicks in den letzten 30 Jahren (bis 1980) rund 20000 km beseitigt worden. Das hat etwa 1 Million Vögeln die Brutreviere gekostet.
Durch die Anlage großer Flächen von Monokulturen, durch den intensiven Einsatz von Maschinen, Düngemitteln, Insektiziden und Herbiziden können die Feldbrüter kaum noch Bruten großbringen. Wiesen werden öfter und früher gemäht, weshalb die Jungen von Rebhühnern, Wachteln, Kiebitzen und anderen kaum noch eine Überlebenschance haben.
Durch die Trockenlegung von Feuchtgebieten, durch Begradigung und Betonierung von Fluß- und Bachläufen sind die Brut- und Nahrungsplätze vieler anderer Vogelarten zerstört worden.
Die Fichten-, Tannen-, Kiefern- und Lärchenmonokulturen bieten den wenigsten Vögeln Brutplätze und Nahrung. Außerdem werden diese unnatürlichen Wälder häufig von Schädlingen befallen, so daß man sie in großem Umfang mit Insektiziden behandelt. Das kostet die Bewohner dieser Wälder oft das Leben. Nun kommt das Waldsterben hinzu, die Folge nicht nur des sauren Regens aus den Emissionen der Industrie und der Kraftfahrzeuge, sondern auch des kraftlosen und zu trockenen Bodens in den Nadelholzbeständen.
Zersiedlung der Landschaft und Straßenbau tragen ebenfalls zur Vernichtung von Vogellebensraum bei.
In Gärten und Obstbaumplantagen, auf Äckern, Wiesen, Weinbergen und in Wäldern werden Insektenvertilgungsmittel in immer größerer Menge oder kürzerer Folge gesprüht. Zwar sollen die Mittel in letzter Zeit ungiftiger und damit ungefährlicher für die Vögel geworden sein, doch gehen viele von ihnen dennoch ein und sei es »nur« aus Mangel an Nahrung.
Von offiziellen Stellen und auch von der chemischen Industrie wird oft nur registriert, was sofort stirbt, nicht aber erfaßt, wo langsamer wirkende Gifte Schäden bringen. Diese werden dann häufig nicht mit einer Vergiftung in Verbindung gebracht. Vögel mögen also überleben, sie verlieren aber ihre Vitalität,

Die Amsel leidet im Winter keine Not, solange auf Bäumen und Büschen noch Obst und Beeren zu finden sind.

um Nachzuchten zu erbringen oder sie werden unfruchtbar oder ihre Eier sterben ab, sind zu dünnschalig und zerbrechen.
Herbizide sind chemische Mittel, die zwar bestimmte Kulturpflanzen wachsen lassen, nicht aber die »Unkräuter«. Gerade diese bilden aber die Nahrungsgrundlage für viele Vögel, vor allem für die in diesem Buch behandelten Finkenvögel. Es fehlen den Arten wie Hänfling, Gimpel und Stieglitz dann nicht nur die frischreifen Sämereien, mit denen sie ihre Jungen großziehen, sondern allen Finkenvögeln und vielen anderen Arten die Nahrung für den Herbst und Winter.
Hecken und Wildkrautbestände werden im Herbst und Winter oft auch abgeflämmt, so daß für die Vögel weder Nahrung noch Schutz vor Feinden oder Witterungsunbilden bleiben. Die Felder und Wiesen werden im Herbst bearbeitet und so leergeräumt, daß die Vögel dort nichts mehr finden können. Früher haben sich die Schwärme der Vögel während ihrer herbstlichen Reise nach Süden auf den Stoppelfeldern gütlich getan. Es war für alle etwas vorhanden, seien es Reste an Getreide, Kartoffeln oder Wildkräuter, frisch sprießendes Grün oder Kerfe und Weichtiere.
Auf ihrem Zug in die Winterungsgebiete haben die Vögel mehr Verluste als je zuvor zu erleiden. Die Abschuß- und Fangmethoden sind immer raffinierter geworden, und überall werden verstärkt Insektizide eingesetzt. Vor allem in afrikanischen Ländern auch noch hochgiftige wie DDT. Schließlich sind durch die schon viele Jahre anhaltende Dürre in Afrika riesige Gebiete vertrocknet, in denen es für die nach der Saharaüberquerung erschöpft ankommenden Vögel weder Wasser noch Nahrung mehr gibt.
Die aus den Winterungsgebieten zurückgekehrten Vögel finden sich mehr und mehr einer Gefahr durch Katzen ausgesetzt. Vor allem bringen die Boden- und Buschbrüter in Gärten und ortsnahen Hecken kaum noch Junge groß. Sie werden systematisch von Katzen geraubt. Und wo keine Katzen hingelangen, sind es Eichelhäher und Elstern, die Eier und Junge aus den Nestern holen oder die gerade flüggen Jungen fangen. Daß es so viele dieser räuberischen Rabenvögel gibt, ist auf das Fehlen von Habichten, Sperbern und Wanderfalken zurückzuführen. Doch manchen Jägern sind es jetzt schon wieder zu viele Greife, kaum daß sich einige Bestände etwas erholt haben.
Welche unvorstellbaren Mengen an Vögeln durch diese vielen negativen Veränderungen ihr Leben lassen müssen, sehen wir von Jahr zu Jahr deutlicher.

Singvögel in Menschenhand?

Die Haltung von Vögeln als Hausgenossen hat eine jahrtausendalte Tradition. Sowohl in fernen Ländern wie bei uns, bei Naturvölkern wie bei Kulturmenschen sind Vögel gehalten und gepflegt worden. Denken wir nur an China und Japan, an das alte Ägypten und Griechenland, an die Inkas und Azteken. Aus all diesen Hochkulturen des Altertums sind Dokumente der Vogelhaltung überliefert.

Auch in Mitteleuropa war die Haltung einheimischer Vögel von alters her Brauch. Es liegt an unserer engen seelischen Verbundenheit zur Natur, zur Pflanzen- und Tierwelt. Vielleicht war der Wunsch, mit einem singenden Vogel ein Stück Natur in ihre Häuser zu holen, bei unseren Ahnen deshalb so stark ausgeprägt, weil die meisten Gefiederten zum Winter fortziehen, und die Natur kalt und leer zurücklassen. Der Vogel brachte ihnen Freude, das Gefühl seelischer Wärme und Erbauung. Besonders die Handwerker, die an ihre kleinen engen Werkstätten gefesselt waren, hatten meistens mit einem Waldvogel ein Stück Natur in ihrem beschwerlichen Alltag.

Heute, da sich der Mensch mit immer mehr Beton umgibt, da er Sklave seiner hochtechnisierten Zivilisation zu werden droht, ist die Gefahr der totalen Entfremdung von der Natur und ihren Lebewesen groß. Er flüchtet sich in Ablenkungen und in Abhängigkeiten, um die Leere in seinem Wesen nicht wahrzunehmen.

Mit der Haltung und Zucht einheimischer Vögel bekommt er dagegen eine ideale Beschäftigung mit der Natur, die ihn die Freizeit sinnvoll ausfüllen läßt. Er wird alles über das Freileben seiner Vögel wissen wollen. Damit er sie naturgemäß füttern kann, braucht er Kenntnisse über ihre Ernährung. Pflanzen und Insekten werden ihm bekannt, er lernt verstehen, was es mit der Ausgewogenheit in der Natur auf sich hat. So wird der Vogelpfleger zum Naturkenner und wird sich für ihre Erhaltung und ihren Schutz einsetzen. Vor allem bei Jugendlichen wird die Liebe zum Tier und zur heimischen Natur durch den Umgang mit einem Waldvogel geweckt. Junge Menschen sind begeistert von der Idee der Vogelpflege und der Aufzucht, vom Aufpäppeln und Gesundpflegen kranker und verletzter Vögel. Nur so können

sie zur Vogel- und Tierliebe, zum Naturschutz herangeführt werden. Fast alle großen Naturschützer und Vogelkenner, Verhaltensforscher und Ornithologen haben in ihrer Jugend Vögel gepflegt und gezüchtet. Manche taten oder tun es ihr Leben lang. Nur aus dem ganz engen Umgang mit den Gefiederten, aus der täglichen Sorge um sie kommt diese große Liebe und Verbundenheit. Nur aus dem täglichen Umgang mit ihnen lassen sich die Erkenntnisse gewinnen, die für das Verständnis der Arten und ihrer Bedürfnisse, auch in der freien Natur, von so großer Wichtigkeit sind.
Wie Dr. Hans Löhrl in der »Gefiederten Welt« (Heft 1/1977) schreibt, waren viele wissenschaftliche Erkenntnisse ohne Käfigvögel überhaupt nicht möglich. So hat Oskar Heinroth seine Verhaltensstudien an gefangenen einheimischen Vögeln gemacht. Gustav Kramer entdeckte an Käfigvögeln, daß sich manche Zugvögel nach dem Sonnenstand orientieren. Franz Sauer fand an handaufgezogenen Grasmücken heraus, daß sich diese nachts ziehenden Vögel nach den Sternen orientieren. Die Wissenschaftler Merkel, Wiltschko und ihre Mitarbeiter haben ebenfalls an Käfigvögeln entdeckt, daß die Orientierung der Vögel auch durch den Erdmagnetismus möglich ist. Schließlich entdeckte Eberhard Gwinner an Laubsängern im Käfig, daß die Dauer ihrer Zugunruhe etwa mit ihrer Zugzeit in ihre Winterungsgebiete übereinstimmt. Da auch die Zugrichtung von den Käfigvögeln angezeigt wird, kann daraus auf ihr Winterungsgebiet geschlossen werden. Soweit aus dem Bericht von Dr. Löhrl. Es lassen sich weitere Ornithologen nennen, die manche ihrer Studien an Käfigvögeln durchgeführt haben und dadurch zu wichtigen Erkenntnissen kamen. Denken wir nur an Prof. Klaus Immelmann und Prof. Jürgen Nicolai und ihre Arbeiten in der Verhaltensforschung.
Auch was die einfachen Vogelliebhaber, die Laien, an Kenntnissen über die Vögel mitgeteilt und in den Fachzeitschriften veröffentlicht haben, ist beträchtlich und bildet eine gute Grundlage für das noch immer ungenügende Wissen um viele Arten.
Trotz all dieser Tatsachen, die klar zeigen, daß die Vogelliebhaberei ihre Berechtigung hat, wird sie von bestimmten, übertriebenen Naturschützern angegriffen und als Grausamkeit und Tierquälerei hingestellt. Am liebsten möchten sie die Vogelhaltung generell verbieten. Diese Menschen müssen blind sein, denn sie übersehen, daß nur durch die Erfahrungen der Vogelhalter die Zucht bedrohter und in der Natur schon ausgestorbener Vogelarten überhaupt gelang. Heute, da »mit den Bäumen Tiere und Pflanzen sterben« (so die Schlagzeile in »Wir und die Vögel«, Heft 2/1984, dem Organ des Deutschen Bundes für Vogelschutz, kurz DBV genannt), wird die Haltung und Zucht zwecks Arterhaltung eine Notwendigkeit. Natürlich muß alles versucht werden, die Umwelt zu erhalten und zu gesunden, um damit den Tieren und Pflanzen ihr Leben in der Natur weiterhin zu ermöglichen. Dies ist das absolut wichtigste Ziel für die Menschheit. Ein Biotopschutz ist daher nachhaltiger und umfassender als Artenschutz. Doch sollte man zur Sicherheit ebensowenig versäumen, Vögel, alle anderen Tiere

Hier hat der Star eine natürliche Höhle in einem Baum zu seiner Kinderstube gemacht. Oft macht er solche Nistgelegenheiten Kleibern und den kleineren Spechtarten streitig.

und die Pflanzen in Menschenobhut zu nehmen, um sie wie auf der »Arche Noahs« die schwierige Zeit überdauern zu lassen. Vielleicht sind die Tiere einer Art, die in der Obhut des Menschen leben, die dort aufgezogen und vermehrt werden, einmal die einzigen, die überleben – eine erschreckende, aber heute nicht mehr unmögliche Aussicht.
Dem Vogelliebhaber, dem Vogelzüchter wird mit den Gefiederten eine Menge Verantwortung aufgebürdet. Doch er sollte die Herausforderung annehmen und allen Schwierigkeiten und Anfeindungen trotzen. Seine Vögel sind nicht zu bedauern, sondern bei dem heutigen Zustand der Natur eher zu beneiden. Sie sind bei artgerechter Unterbringung und Ernährung keine Verhaltenskrüppel, sondern intakte Individuen.
Was für die Haltung von Waldvögeln in Menschenhand spricht, ist das hohe Alter, das die Vögel erreichen. Meistens werden diese Vögel 8 bis 12 Jahre alt, manchmal sogar bis zu 14 oder 15 Jahre. Im Gegensatz dazu bringen es die Vögel in freier Natur meistens nur auf 2 Lebensjahre. Feinde, Krankheiten, Gifte, Nahrungsknappheit und extreme Witterungen dezimieren die Bestände, kaum daß Junge großgezogen wurden.
Die gesunden und gut genährten Vögel in Großkäfigen und Volieren können dagegen Jahr für Jahr ungestört ihre 1 bis 2 oder sogar 3 Bruten machen und ihre Jungen optimal großziehen. Das sind dann zwischen 4 und 12 Junge pro Paar und Jahr. Und da sich erwiesen hat, daß diese Vögel 8 und mehr Jahre lang fruchtbar und brutwillig sind, können von einem Paar zwischen 20 und 50 Junge erwartet werden. Daß es oft nicht zu soviel Nachwuchs kommt, liegt meistens an den Züchtern. Es werden häufig Arten zusammen gehalten, die sich bei den Bruten gegenseitig stören. Bei der Paarzusammenstellung haben die Vögel meistens nicht die freie Partnerwahl, so daß sie nicht optimal miteinander harmonieren können. Auch sind die Züchter häufig noch nicht genügend informiert, welche Bedingungen die einzelnen Arten in Bezug auf Unterbringung, Nistgelegenheiten und Ernährung brauchen, vor allem für die Aufzucht.

Gesetzliche Bestimmungen zur Vogelhaltung

In diesem Kapitel sollen nur die Teile des Bundesnaturschutzgesetzes vom 20. Dezember 1976 (BNatG) und der Bundesartenschutzverordnung vom 25. August 1980 (BArtSchV) wiedergegeben werden, die für die Haltung einheimischer Vögel von Bedeutung sind. Es soll auch gleich darauf hingewiesen werden, daß diese Bundesgesetze nur einen Rahmen für die Naturschutzgesetze der Bundesländer bilden, da nach der Verfassung Naturschutz Sache der Bundesländer ist.
Im BNatG § 22, Absatz 2 heißt es unter anderem, daß es verboten ist, Vögel der besonders geschützten Arten zu fangen oder ihre Eier wegzunehmen. Ebenso ist es verboten, diese Vögel, ihre Eier oder Nester in Besitz zu nehmen, zu erwerben, die tatsächliche Gewalt darüber auszuüben, sie abzugeben, feilzuhalten, zu veräußern oder sonst in den Verkehr zu bringen.

Nach der BArtSchV, Anlage 1, Absatz 2 gelten alle wildlebenden europäischen Vogelarten als besonders geschützt. Ausgenommen sind lediglich die Haustaube (verwilderte Form), die Rabenkrähe, der Eichelhäher, der Haussperling, die Elster, der Star und die Amsel.
Nach § 3, Abs. 1 der BArtSchV gibt es Ausnahmen von den obigen Verboten, und zwar bei besonders geschützten Arten, die im Inland in der Gefangenschaft gezüchtet worden sind. Auch solche Vögel, die vor Inkrafttreten dieser Verordnung (25. August 1980) rechtmäßig erworben worden sind, dürfen gehalten werden. Es ist aber die Nachweispflicht erforderlich, so § 3, Abs. 2 der BArtSchV, daß diese Vögel rechtmäßig erworben bzw. selbst gezüchtet worden sind. Es sind also Beweise beizubringen, etwa Erwerbsbescheinigungen, amtliche, vor allem geschlossene Beringung, schriftliche Bescheinigung durch Nachbarn und/oder Züchterkollegen, daß die Vögel schon im Besitz waren (s. auch Kapitel »Die Beringung und andere Möglichkeiten des Zuchtnachweises«). Es ist ferner ratsam, und in manchen Bundesländern sogar Pflicht, ein Nachweisbuch zu führen, in dem nach folgendem Muster Eintragungen zu machen sind:

Ein solches Herkunftsnachweisbuch ist sorgfältig zu führen und 5 Jahre lang aufzubewahren.
In den einzelnen Bundesländern gelten im Rahmen des BNatG und der BArtSchV etwas unterschiedliche Bestimmungen, was die Haltung einheimischer Vögel betrifft. Sie hier alle zu veröffentlichen oder zu erläutern, würde den Rahmen dieses Büchleins sprengen. Wenden Sie sich darum in Ihrem Bundesland an die Landesregierung oder an das zuständige Landratsamt. Einige sehr wichtige Dinge sollten Sie allerdings überall beachten, da sie verlangt werden:

Kennzeichnen Sie alle gezüchteten Vögel!

Melden Sie Ihre Zucht einheimischer Vögel an, denn fast überall wird eine Haltegenehmigung verlangt!
In Niedersachsen muß außerdem eine Genehmigung für Volieren beantragt werden, wenn sie insgesamt größer als 50 m^2 sind. Bei besonders geschützten Arten liegt natürlich auch für kleinere Anlagen eine Genehmigungspflicht vor. Der Antrag auf Genehmigung ist bei Ihrem Landkreisamt (untere Naturschutzbehörde) zu stellen.

Lfd. Nr.	Kauf- bzw. Zuchttag	Vogelart	Name u. genaue Anschrift des Verkäufers bzw. Ringnummer bei Selbstzucht	Abgangstag	Name u. genaue Anschrift des Empfängers bzw. Art des sonstigen Abgangs

Viele weitere interessante Einzelheiten zur Haltung einheimischer Vögel sind in unseren Fachzeitschriften zu finden.
So ist in der »Gefiederten Welt« Heft 9/1983 zur Kennzeichnung besonders geschützter Vogelarten der Runderlaß des Ministers für Ernährung, Landwirtschaft und Forsten in Nordrhein-Westfalen vom 17. 9. 82 veröffentlicht.
Ebenfalls in der »Gefiederten Welt« Heft 10/1983 erläutert Minister Weiser aus Baden-Württemberg die zutreffenden Gesetze seines Bundeslandes.
In der »Gefiederten Welt« Heft 4/1984 und in der »Voliere« Heft 2/1983 gibt Bernd Hoffmann aus dem Niedersächsischen Landesverwaltungsamt, Dezernat Naturschutz, Auskunft über die Gesetzgebung in Niedersachsen.
Im »Kanarienfreund« Heft 8/1984 wird schließlich von Regierungsrat Hanß von der Regierung in Niederbayern das bayerische Naturschutzgesetz erläutert, sofern es die Vogelhaltung betrifft.
Es wäre wünschenswert, wenn die Gesetze in den Bundesländern einander angeglichen würden, so daß es keine Unklarheit und Verwirrung mehr bei den Vogelzüchtern geben kann. Eine Vereinheitlichung soll auch angestrebt sein. Wichtig ist in diesem Zusammenhang, daß die großen Vogelzuchtvereine wie AZ und DKB mit ihren zusammen mehreren zehntausend Mitgliedern bei Novellierungen (also Neufassungen oder Ergänzungen) der Gesetze ihre Mitwirkung anmelden. Dieses ist sowohl auf Bundes- wie auf Länderebene lt. § 29 des BNatG für gemeinnützige Vereine mit der Zielsetzung des Vogelschutzes durch Zucht rechtens. Hier darf das Mitspracherecht bzw. das Angehörtwerden nicht verschlafen werden, wie dies vor den Neufassungen der Gesetze von 1976 und 1980 weitgehend geschah.
Es ist ebenfalls darauf zu achten, sowohl von den Vereinen, als auch von uns allen als Ortsgruppen und Einzelpersonen, daß die zweifellos bestehenden Gesetze zum Landschaftsschutz und Biotoperhalt auch eingehalten werden. Bei diesen Gesetzen stehen die Interessen der Städte und Gemeinden, der Industrie, der Landwirtschaft, der Forstwirtschaft, des Verkehrswesens und der Landesverteidigung oft im krassen Gegensatz. So wurden und werden Wege gefunden, der natürlichen Landschaft immer weitere Wunden zuzufügen und damit ihre Geschöpfe zu vernichten. Wir haben als Bürger die Pflicht, uns hierbei zu Wort zu melden! Als Vogelzüchter haben wir mehr Sachverstand über die Bedürfnisse der Gefiederten. Wir sehen die Gefahren besser, die der Vogelwelt drohen. Wir müssen protestieren und mithelfen, daß die Naturschutzgesetze eingehalten werden. Das schützt millionenfach mehr Vögel, als die Kontrolle der kleinen Züchter. Durch Selbstkontrolle und Ehrlichkeit können wir diese auch unnötig machen, damit alle Kräfte der Verbesserung der Umwelt zufließen.

Vogelhaltung im Interesse der Arterhaltung

Wer Vögel pflegt und züchtet, ist bestimmt ein Naturfreund, und er ist wohl auch ein gewissenhafter Mensch. Denn Vogelpflege verlangt Pünktlichkeit und

Zuverlässigkeit, tagein, tagaus, Jahr für Jahr. Wer diese Charaktereigenschaften nicht mitbringt oder sie nach und nach nicht erwirbt, wird sich bald einem »Hobby« zuwenden, das ihn weniger beansprucht.

Wer Vögel züchtet, ist auch ein Naturschützer. Er füttert die Vögel draußen in Notzeiten des Winters, er schafft Nistgelegenheiten für die Gefiederten in Gärten, Wald und Feld, und er päppelt Jungvögel auf, die verwaist sind, die ihm von Menschen gebracht werden, die sie gefunden haben und nicht wissen, wie sie sie aufziehen können. Ein Vogelzüchter ist ein Kenner und Experte in solchen Dingen und in der ganzen Umgebung bald bekannt als Erste-Hilfe-Station, auch für verletzte und verunglückte Gefiederte. Es sind oft hunderte, ja tausende Vögel, die er in jedem Jahr rettet und der Natur zurückgibt, ohne darüber groß zu sprechen. Daß damit auch finanzielle Opfer verbunden sind, verschweigt er ebenfalls.

Ein Naturschützer ist er auch, weil er heimische Vögel züchtet. Er entnimmt der Natur keine Vögel, sondern wildert im Spätsommer oft überzählige aus, weil er seine Freude daran hat. Oder er gibt einige seiner Jungvögel an andere Züchter, an junge Leute, die ebenfalls Vögel züchten möchten. Er möchte andere Menschen dem Tier- und Naturverständnis näher bringen. Darum gibt er seine Vögel auch nicht einzeln, sondern paarweise ab und sorgt dafür, daß sie artgerecht untergebracht werden.

Privaten Züchtern könnten Vögel aller heimischen Arten anvertraut werden. Sie würden die besten Erfolge bei der Erhaltung der Arten erzielen, weil sie außer dem nötigen Wissen auch das Auge und Gefühl für die Bedürfnisse ihrer Pfleglinge haben. Solche Experten und Idealisten sollten sich die Naturschutzbehörden und die ernsthaften privaten und organisierten Naturschützer zu Mitstreitern bei der Erhaltung unserer Vogelwelt machen. Die Kunst, Vögel zu züchten, muß bewahrt und weitergegeben werden. Wir wissen ja gar nicht, was an Umweltvergiftung und -zerstörung noch auf uns und die Vögel zukommt. Darum sollten wir uns einen Bestand an Gefiederten sichern, so wie die Botaniker es mit ihren Samenbanken tun.

In der Geborgenheit der Volieren, von denen die Züchter die schädlichen Einwirkungen und vielerlei Gefahren fernhalten, so gut sie es vermögen, könnten sich viele Arten erhalten und meistens auch vermehren lassen. Wenn dann in der Natur die Bedingungen wieder lebensfreundlicher sind (nach einer Katastrophe oder Beinahekatastrophe hat der Mensch es immer wieder verstanden, einsichtig zu werden und seine Fehler zu korrigieren), könnten die geretteten Vögel in zunehmender Zahl wieder die Natur bevölkern.

Nun möchte ich hiermit nicht behaupten, daß sich durch Zucht alle heimischen Vogelarten erhalten ließen, wenn auch weit mehr als 200 Arten in zumeist größerer Zahl gezüchtet worden sind (s. »Gefiederte Welt«, Hefte 4, 9, 11/1977, 5/1978 und 1/1979). Und es soll auch nicht verlangt werden, daß gesunde Exemplare bedrohter oder nicht züchtbarer Arten aus der Natur entnommen werden, damit in Privathand mit ihnen Zuchtversuche angestellt werden. Aber

Eine geräumige, bepflanzte Voliere für einheimische Singvögel, der eine Innenvoliere angeschlossen ist.

es gibt so viele Vögel, die flugbehindert oder sonstwie leicht verletzt den Naturschutzbeauftragten, Behörden, Tierschutzvereinen oder Zoos gebracht werden. Dies sind meistens Vögel, die in der freien Natur nicht überleben würden. Das wissen Fachleute. Und häufig werden solche Vögel getötet, weil sie der Art kein vollwertiges Mitglied mehr sein können. Doch in der Geborgenheit der Voliere und bei richtiger Pflege könnten solche Vögel durchaus Nachzuchten haben. Darum sollten die Naturschutzbeauftragten den bewährten Züchtern solche naturuntauglichen Vögel zur Verfügung stellen. Hier eröffnen sich viele Möglichkeiten, zu Zuchtvögeln zu kommen, ohne daß welche aus der Natur gefangen werden müßten. Allein damit könnten zahlreiche Zuchtstämme aufgebaut werden. Auch Zuchtpartner ließen sich über Anzeigen in den Fachzeitschriften zusammenführen. Und damit niemand auf die Idee kommt, mit solchen Vögeln ein Geschäft zu machen oder daß man sich heimlich Vögel aus der Natur beschafft, ist es nötig, diese von offizieller Seite zu kennzeichnen (s. Kapitel Beringung). Auch sollte nur der private Austausch oder Erwerb von Züchter zu Züchter gestattet sein, kein Kauf oder Verkauf von heimischen Vögeln über den Handel.

Hierin liegt also eine große Chance für ernsthafte Vogelzüchter, Bestände von Arten aufzubauen, für die es normalerweise keine Halteerlaubnis gibt. Für körperlich versehrte Vögel, die in der Natur nicht überleben würden, sind Ausnahmen ja von Gesetzes wegen möglich. Dasselbe sollte auch bei menschengeprägten Vögeln gelten, die also verhaltensgestört sind und sich nicht mehr in der Natur zurechtfinden würden. Das dann notwendige »Umgewöhnen« oder »Auswildern« gelingt leider nicht immer und ist zeitraubend und kostspielig.

Einige wichtige Voraussetzungen

Als Halter und Züchter einheimischer Vögel führt man ein Zucht- bzw. Nachweisbuch, wie im Kapitel »Gesetzliche Bestimmungen zur Vogelhaltung« dargestellt. Verlangen Sie beim Erwerb eines einheimischen Vogels eine Erwerbsbescheinigung und geben Sie eine solche jedem, der von Ihnen einen heimischen Vogel kauft. Damit bleiben Sie für die Naturschutzbehörde vertrauenswürdig und werden keine Schwierigkeiten bekommen. Anderenfalls kann Ihnen eine erhebliche Geldbuße und der Einzug der Vögel drohen. In schweren oder Wiederholungsfällen kann auch ein Verbot für die Haltung einheimischer Vögel ausgesprochen werden.

Entscheidend für die Haltung heimischer Vögel ist es auch, daß Tiere an Liebhaber für die Einzelhaltung nur dann abgegeben werden sollen, wenn von der betreffenden Art gesicherte Bestände vorhanden sind.

Auch für die Mischlingszucht dürfen die heimischen Vögel nicht benutzt werden, es sei denn für wissenschaftliche Zwecke. So kann der Nachweis der Fruchtbarkeit bzw. der Unfruchtbarkeit evtl. Auskunft darüber geben, wie nahe verwandt zwei Arten miteinander sind. Doch nur für Ausstellungszwecke Mischlinge zu züchten, sollte nicht wei-

ter praktiziert werden. Das ließe sich natürlich am leichtesten abstellen, wenn die Vereine keine Mischlinge mit einheimischen Arten mehr zur Bewertung zuließen.
Das Ausstellen von einheimischen Vögeln in den kleinen Schaukäfigen erregt in jedem Jahr die Gemüter von vielen Besuchern. Wenigstens so lange, wie diese Vögel noch selten in unseren Händen sind, sollten sie nicht zur Leistungsschau in kleinen Käfigen zugelassen werden, sondern nur in Biotopvolieren. Wir sollten mit diesen Vögeln an die Öffentlichkeit treten, doch wir sollten damit gleichzeitig beweisen, daß wir ihre Ansprüche kennen.
Früher oder später stellen sich von den einheimischen Vögeln Mutationen ein. Das beste Beispiel ist der Grünling. Mutationen werden sich nicht verhindern lassen. Der Mensch ist neugierig und wird sie immer fördern und zu erhalten suchen. Es sollte aber nicht dazu führen, daß diese Vögel auf Kosten der wildfarbenen mit allen Mitteln vermehrt werden. Das geschieht leider allzu leicht, wobei die Wildfarbenen in ihrem Fortbestand stark bedroht würden. Wir haben das bei einer Anzahl exotischer

Vögel ja schon erleben müssen. Bei Mutationen werden meistens auch nicht nur die sichtbaren Farben verändert, sondern auch die Anatomie, das Wesen und Verhalten. Es ist also sehr viel pflegerische Sorgfalt und Hege der Wildvogelbestände erforderlich.
Auch durch zuviel Inzucht, da Mangel an Zuchttieren besteht, kann den Vogelbeständen geschadet werden. Die Züchter sollten nicht zu eigenbrötlerisch sein, sondern Vögel austauschen und harmonierende Paare zusammenstellen helfen. Weitsicht und geduldiges sowie kollegiales Verhalten sind erforderlich.

Beringung und Zuchtnachweis

Der gewissenhafte, ehrliche Züchter heimischer Vögel steckt in einer heiklen Lage, was die vorgeschriebene geschlossene Beringung angeht. Ich muß dafür etwas ausholen: Im Gegensatz zu den exotischen Prachtfinken halten die meisten der in Frage kommenden Vögel ihr Nest peinlich sauber. Die Altvögel warten nach der Fütterung jedesmal förmlich auf die Entleerungen ihrer Kleinen. Sie nehmen ihnen den Kotballen regelrecht von der Kloake ab, damit das Nest ja nicht verschmutzt. Von manchen Eltern wird der Kotbeutel an den ersten Tagen verschluckt, sonst vom Nest fortgetragen und entweder auf einem Zweig abgelegt oder einfach fallengelassen. Werden nun den Nestlingen die Ringe übergestreift, dann fallen diese den Eltern als Verschmutzungen im Nest auf; sie versuchen sie zu entfernen. Dadurch füttern sie die Jungen weniger. Ständig sind sie an den Ringen und Ringfüßen beschäftigt, bis sie diese aus dem Nest gezerrt haben. Das gelingt meistens jedoch nicht, ohne daß die Jungen mit hinausgeworfen werden. Schaffen die Eltern dies nicht, erleiden die Jungvögel meistens schwere Beinverletzungen bis hin zu Verstümmelungen. Zehen werden abgerissen, die Beine zerbissen oder verdreht und ausgerenkt. Mehrere mir bekannte Züchter haben schon viele Jungvögel töten müssen, weil sie wegen der Ringe von ihren Eltern verstümmelt worden sind.
Verschiedene Möglichkeiten, diese Schäden von den Jungen fernzuhalten, sind versucht worden: Die Ringe wurden vor dem Beringen mit matter brauner oder grüner Farbe gestrichen, damit sie nicht mehr aluminiumfarben glänzen. Sie sind mit Leukoplast oder einem farblich zum Bein passenden Tesaband überklebt worden. Der Erfolg war unterschiedlich. Auf jeden Fall dürfen die Nestlinge nicht zu früh beringt werden! Es gibt einen Zeitpunkt, da tragen die Eltern die Kotballen der Jungen nicht mehr fort. Dieser Zeitpunkt liegt bei den meisten Finkenvögeln im Alter zwischen 8 und 10 Tagen. Ab dann setzen die Nestlinge ihre Häufchen auf oder über den Nestrand. Erst wenn dieser so »verziert« aussieht, kann das Beringen mit weniger Risiko vorgenommen werden. Ein Risiko bleibt es jedoch immer, solange die Jungen im Nest hocken. Es muß also nach anderen Möglichkeiten der Beringung oder Kennzeichnung gesucht werden.
Mein Vorschlag, die Eigenzucht von heimischen Vögeln zu beweisen, ist folgender: Der Züchter meldet seine Bruten

So wird ein Nestling beringt: Zuerst wird der Ring über die drei nach vorne weisenden Zehen gestreift. Dann wird er behutsam über die am Lauf anliegende hintere Zehe geschoben. Diese wird mit einem stumpfen Hölzchen aus dem Ring befreit, falls dieser wegen der Ferse nicht höher geschoben werden kann.

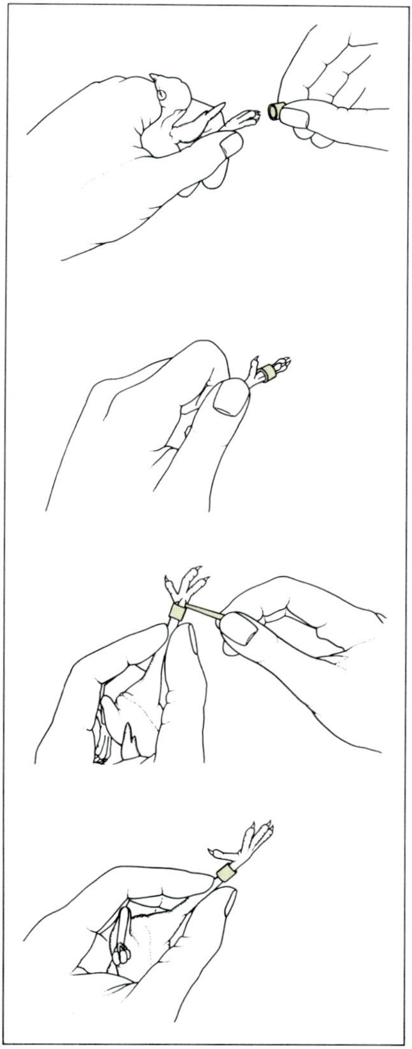

dem Naturschutzbeauftragten, damit dieser sie sich ansehen kann, wenn er mag und die Zeit dazu hat. Gleichzeitig meldet er sie dem für sein Gebiet zuständigen Obmann für heimische Vögel der AZ oder des DKB. Auch dieser hat dann die Möglichkeit, sich die Nestlinge anzusehen. Diese werden dann nach dem Ausfliegen mit offenen AZ- oder DKB-Ringen beringt, die mit einer Zange angelegt werden und die nicht wieder abgenommen werden können, ohne daß sie zerbrechen. Solche Materialien, die sich nur einmal biegen lassen, gibt es. Sie wären ideal für die Beringung der Jungen gleich nach dem Verlassen des Nestes.

Selbstverständlich ist die enge Zusammenarbeit von Züchtern und Naturschutzbehörde nötig und ein gutes, auf Vertrauen basierendes Verständnis. Einem engagierten Naturschutzbeauftragter sollte es keine Mühe bereiten, die Züchter heimischer Vögel in seinem Bereich bald sehr gut zu kennen und natürlich auch deren Vogelbestände. Außerdem droht den »schwarzen Schafen«, die mit freilebenden Vögeln handeln, zu Recht Bestrafung und natürlich auch Ausschluß aus den Züchtervereinigungen. Es steht schon lange in den Satzungen von AZ und DKB, daß Ringmanipulationen auf solche Weise zu bestrafen sind.

Die zuständigen Behörden, die Zuchtverbände und die Ringhersteller sollten diese Möglichkeit der Beringung erörtern und gegebenenfalls versuchen. Über die Ringe, gebrauchte wie ungebrauchte, ist Buch zu führen. Die nicht benutzten Ringe sind aufzuheben, möglichst auch die der gestorbenen Vögel.

Eine andere Möglichkeit ist die, daß der Naturschutzbeauftragte die Ringe bei jeweiligem Bedarf ausgibt.
Es gibt sicher noch andere Möglichkeiten der Kennzeichnung gezüchteter Vögel. Entsprechende Vorschläge sollten veröffentlicht und diskutiert werden. Es geht in erster Linie ja darum, daß ernsthafte Züchter sichere Beweise ihrer Selbstzucht der Vögel haben, daß solche Leute, die manipulieren wollen, keine Chance haben, und daß die Vögel nicht leiden, wie das bei der geschlossenen Beringung leider häufig der Fall ist.
Bei genügend Vertrauen von Seiten der zuständigen Behörden in die Ehrlichkeit und Ernsthaftigkeit der Züchter würde es auch genügen, wenn ein Vertrauensmann sich den Nestbau, die Brut und die Jungen im Nest bzw. nach dem Ausfliegen ansieht und bescheinigt. Dabei würden auch schriftliche Bestätigungen durch Nachbarn oder Züchterkollegen helfen, ferner Fotografien oder Filme von den Nestern, den Jungen in den Nestern usw. Als sehr guter Beweis kann auf einigen der Nestlingsbilder ein Teil einer Zeitungsseite mit Datum und Überschrift eines aktuellen Artikels abgelichtet werden.
Vielleicht helfen diese Ausführungen, für die Beringung bessere Möglichkeiten zu finden, etwa die farblich den Füßen angepaßten und matten Ringe, oder solche, die nach dem Ausfliegen von amtlicher Seite angelegt werden. Bis es soweit ist, daß von behördlicher Seite auch auf die Gesundheit und das Überleben der gezüchteten Nestlinge Rücksicht genommen wird, kann noch viel Zeit vergehen. Bis dahin ist die Beringungspflicht mit geschlossenen Ringen der Zuchtverbände vorgeschrieben. Von Seiten der AZ und des DKB sind für heimische Vögel folgende Ringgrößen (Innendurchmesser) empfohlen worden. Es handelt sich um geschlossene Ringe, die den Nestlingen etwa im Alter 8 bis 10 Tagen über den Fuß gestreift werden.

	Ringgröße
Amsel	4,2 mm
Bergfink	3,0 mm
Berghänfling	2,7 mm
Bindenkreuzschnabel	3,0 mm
Birkenzeisig (Birkenhänfling)	2,5 mm
Buchfink	3,0 mm
Feldsperling	2,7 mm
Fichtenkreuzschnabel	3,5 mm
Gimpel (Dompfaff)	3,0 mm
Girlitz	2,5 mm
Goldammer	3,2 mm
Grauammer	3,2 mm
Grünling	3,0 mm
Hänfling (Bluthänfling)	2,7 mm
Hakengimpel	3,5 mm
Haubenlerche	3,5 mm
Haussperling	2,7 mm
Heckenbraunelle	2,7 mm
Karmingimpel	3,0 mm
Kernbeißer	3,2 mm
Kiefernkreuzschnabel	3,5 mm
Ortolan	3,0 mm
Polarbirkenzeisig	2,5 mm
Rotkehlchen	2,7 mm
Singdrossel	4,2 mm
Star	4,2 mm
Stieglitz (Distelfink)	2,7 mm
Zeisig (Erlenzeisig)	2,5 mm
Zitronengirlitz	2,7 mm

Das Auswildern

Aufgepäppelte und gesundgepflegte Vögel sollten so bald wie möglich wieder in die Natur entlassen werden. Das ist in vielen Fällen nicht einfach, weil die Vögel sich zu sehr dem Menschen angeschlossen haben, den sie als Artgenossen bzw. als Bezugsperson ansehen. Sie würden sich draußen nicht zurechtfinden und leicht Opfer irgendwelcher Feinde werden. Solche Vögel brauchen eine längere Zeit der Umgewöhnung, bis sie fähig sind, selbst für sich zu sorgen, Feinde zu erkennen und den Menschen zu meiden.

Um das zu erreichen, müssen diese Vögel in eine größere Gartenvoliere umquartiert werden, in der sie weitgehend natürliche Verhältnisse vorfinden. Hierzu bieten sich vielfach die Anlagen von privaten Vogelhaltern an, die meistens Mitglied in einem der großen Vereine sind, hervorragend ausgestattete Volieren haben und vor allem auch die Sachkenntnis im Umgang mit Vögeln besitzen. Es sollten in jedem Ort und Verein solche Züchter gewonnen werden, eine ihrer Volieren für die Auswilderung zur Verfügung zu stellen. So könnten sich die Pfleglinge, die in einem kleinen Käfig in der Wohnung gehalten worden sind, mit den natürlichen Lebensbedingungen vertraut machen.

In der Voliere haben die Vögel viel Platz zum Fliegen, sie bekommen ihr Futter nicht in Näpfen vorgesetzt, sondern müssen es auf natürlichem Boden suchen oder im Fluge fangen (Wiesenplankton s. Kapitel »Tierische Nahrung«). Im Gezweig und in dichten Büschen stärken sie ihre Beweglichkeit und Ausdauer. Dort finden sie auch Schutz vor Unwetter und vor Feinden, die sich der Voliere nähern. Wenn dann die Vögel natürliches Verhalten und genügend Scheu zeigen, kann an ihr Freilassen gedacht werden. Dabei sollte man auf die richtige Jahreszeit und gutes Wetter achten, damit nicht schon wegen ungünstiger Witterung Verluste auftreten. Den Vögeln ist in der Nähe der gewohnten Voliere Nahrung und Wasser bereitzustellen, für den Fall, daß sie draußen noch nicht genügend gefunden haben.

Ideal für die Auswilderung von Singvögeln ist eine zweite Voliere, die der, in der sie bislang lebten, vorgebaut ist. Eine solche beschreibt Frau Johanna Schernekau in der »Gefiederten Welt«, Heft 10/1978. Ehe die Vögel freigelassen werden, kommen sie in diese Voliere, in der sie Futter und Wasser finden, aber durch das grobmaschige Drahtgeflecht auch nach draußen schlüpfen können. Sind sie noch nicht so selbständig oder mutig, weiter von der Voliere fortzufliegen, so schlüpfen sie hungrig und durstig in die Voliere zurück, in der sie außerdem sicherer übernachten. So können sie jederzeit hinaus und herein und lernen mit der Zeit immer besser, in der Natur zurechtzukommen. Es ist ja häufig zu beobachten, daß die Vögel eine Zeit lang in der Nähe der vertrauten Voliere bleiben, dann aber doch fortziehen. Haben sie die ersten Tage in freier Natur überlebt, verwildern sie schnell und lernen auch die Gefahren kennen. Oft sind diese Vögel dann scheuer als in Freiheit aufgewachsene. Das können wir in jedem Jahr gut an entflogenen Wellensittichen und Kanarien beobachten; haben sie erst einige

Junge Grünlinge in ihrem Nest im Balkonblumenkasten, links im Alter von 5 Tagen, rechts mit 14 Tagen.

Wochen draußen überlebt, sind sie sehr vorsichtige Vögel, denen nur schwer nahezukommen ist.

Daß die Auswilderung in den meisten Fällen leichter ist als oft befürchtet wird, zeigen die vielen Einbürgerungen und Wiedereinbürgerungen verschiedenster Vögel auf der ganzen Welt. Es muß bei der Auswilderung nur darauf geachtet werden, daß sie so artgerecht vor sich geht wie die Haltung und Zucht.

Damit sind wir bei den gezüchteten Vögeln. Sie haben während ihrer Aufzucht nie den engen Kontakt zum Menschen wie aufgepäppelte oder gesundgepflegte Tiere. Darum wird sich ihre Auswilderung meistens viel leichter durchführen lassen.

In keinem Falle sollten Vögel ausgewildert werden, die bleibende körperliche Defekte haben. Sie können das Leben in der Natur nicht meistern. Für diese Vögel wäre die Freiheit der sichere Tod. In der Obhut des Menschen könnten sie dagegen viele Jahre leben und oft auch gesunde Nachkommen haben.

Zum Schluß möchte ich darauf hinweisen, alle Fragen der Auswilderung mit Ihrem zuständigen Naturschutzbeauftragten zu besprechen und Vögel möglichst in seinem Beisein freizulassen. Auch lassen Sie sich von ihm Haltegenehmigungen für die Vögel geben, die wegen körperlicher oder Verhaltensdefekte für ein Leben in der Natur ungeeignet erscheinen.

Was wir für die freilebenden Vögel tun können

Nisthilfen bieten

Nisthilfen für die Gefiederten sind nötiger denn je. Weder im Garten, Feld noch Wald werden Dornengestrüppe und anderes dichtes Gebüsch geduldet, werden absterbende Bäume stehengelassen. Doch gerade in Dickichten und Gestrüpp bauen viele der insektenfressenden Vögel ihr Nest. In Bäumen mit natürlichen Höhlen oder in solchen, die sich leicht bearbeiten lassen, finden Meisen, Kleiber, Spechte, Fliegenschnäpper und sogar Käuze Nistgelegenheiten. Wir müssen den Vögeln künstliche Nistgelegenheiten bieten, wenn sie nicht immer weiter in ihrem Bestand zurückgehen sollen.
Vögel, die ihr Nest nicht in eine Höhle bauen, nennen wir Freibrüter, weil sie ihr Nest frei im Gezweig oder Gerank aufhängen. Zu diesen Vögeln gehören so wichtige Vertilger schädlicher Insekten wie Rotkehlchen, Drosseln, Grasmücken, Heckenbraunelle und Zaunkönig. Wer einen Garten hat, kann dichte Hecken wachsen lassen und Büsche anpflanzen, die den Vögeln Nistmöglichkeiten bieten, wie Rose, Weißdorn, Pfaffenhütchen, Berberitze und viele andere. Auch Reisighaufen in Gartenecken verhelfen dem Zaunkönig, der Heckenbraunelle und manchen anderen Vögeln zu Nistplätzen. Wer ohne Garten ist, kann in Feld und Wald (mit Zustimmung des Hegers oder Försters) Nisttaschen an Baumstämmen anbringen oder Nisthaufen errichten. Kiefernzweige und Ginstergestrüpp eignen sich besonders für Nisttaschen, die mit dem unteren und dem oberen Ende mit Draht am Baumstamm festgebunden werden. In den so entstehenden Taschen brüten Zaunkönig, die Baumläufer und auch das Gartenrotschwänzchen. Nisthaufen können frei aufgeschichtet oder mit einem Draht um einen Baumstamm gebunden werden.
Für die Höhlenbrüter kann man Nistkästen aufhängen. Sie werden in 1,5 bis 5 m Höhe angebracht, und zwar mit dem Schlupfloch in südöstliche oder südliche Richtung weisend. Es gibt für alle Höhlenbrüter passende Nistkästen zu kaufen, und zwar aus Holz oder dem dauerhafteren Holzbeton. Freude macht es aber auch, Nistkästen selbst herzustellen, die sich aus Bretterenden und anderen Holzresten zimmern lassen. Für die kleineren Arten soll die innere Grundfläche 12 × 12 cm betragen, die Höhe 24 cm. Das Dach soll vorn ein Stück überstehen, damit kein Regen zum Schlupfloch hineinschlägt. Der Durchmesser des Schlupfloches sollte für Blau-, Sumpf-, Hauben- und Tannenmeise 26 mm, für Kohlmeise, Kleiber, Garten- und Hausrotschwanz und für Grau- und Trauerschnäpper 32 bis 35 mm betragen. Leider siedeln sich auch oft Spatzen in diesen Kästen an, doch werfen Kohlmeisen und Kleiber diese hinaus, wenn sie die Nisthöhle für sich wünschen. Für Wiedehopf, Buntspecht, Steinkauz und andere mittelgroße Höhlenbrüter sollte die Grundfläche des Kastens wenigstens 15 × 15 cm betragen, die Höhe 30 bis 40 cm, und das Schlupfloch darf 50 bis 60 mm weit sein. Noch größere Kästen können für Turmfalke, Waldkauz, Hohltaube und andere große Höhlenbrüter gebaut werden. Diese müssen in größerer Höhe aufgehängt werden. Für Stare baut man

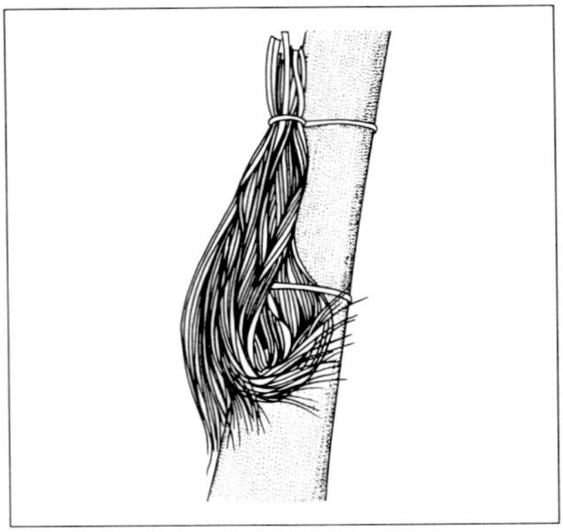

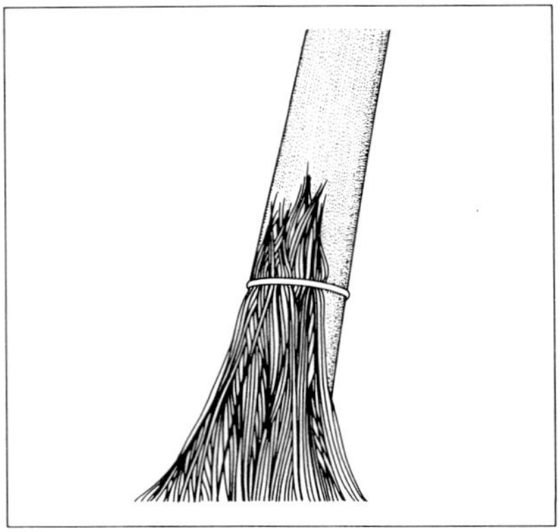

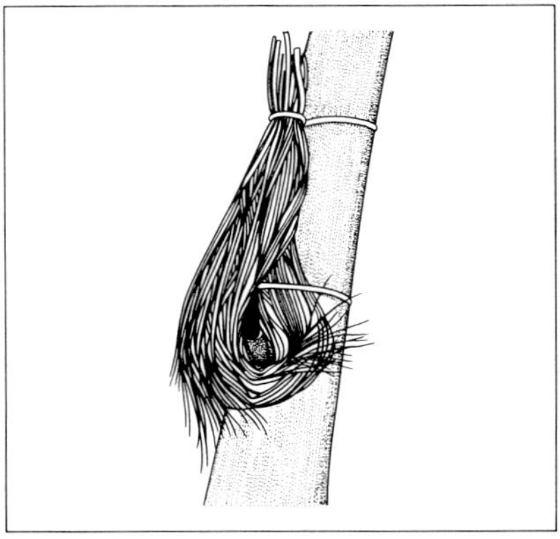

Eine Nisttasche aus Ginster kann vielen freibrütenden Vögeln ein guter Nistplatz sein. Zuerst werden die dünnen Zweigenden am Baumstamm festgebunden, dann die dicken Enden hochgeschlagen und ebenfalls am Stamm befestigt.

keine Nistkästen, um ihre Vermehrung nicht zu fördern. Stare richten in den Kirsch- und Weinbaugebieten großen Schaden an.

Wichtig ist, daß man den Nistkasten an Vorderwand oder Dach leicht öffnen kann, damit eine Kontrolle möglich und altes Genist im Herbst leicht zu entfernen ist. Letzteres ist sehr wichtig, denn besonders die Meisen schlafen in kalten Winternächten in den Nistkästen.

Halbhöhlenkästen werden besonders von Bachstelze, Haus- und Gartenrotschwanz und vom Grauen Fliegenschnäpper bevorzugt. Sie werden wie die Meisenkästen gebaut, sind an der Vorderseite jedoch halb offen. Diese Kästen können im Garten an Obstbäumen, aber auch an Haus- und Schuppenwänden angebracht werden. Niststeine können an allen Neubauhäusern, -schuppen, -ställen und -garagen eingebaut werden.

Für Rauchschwalben lassen sich in Gebäuden Brettchen ca. 15 cm unter der Decke anbringen, auf die die Schwalben ihre Nester bauen. Für Mehlschwalben kann man außerhalb der Gebäude unter Giebeln und Dächern die gleichen Hilfen anbringen. Oft mangelt es den Schwalben jedoch an Baumaterial, feuchtem Lehm und Schlamm, den sie aus Pfützen holen, bei asphaltierten Straßen, Wegen und Höfen jedoch nicht finden können. Man sollte daher für lehmhaltige Pfützen auf dem Hof oder im Garten sorgen. Es gibt auch fertige Schwalbennester aus Holzbeton zu kaufen, die sich an geeigneten Stellen am oder im Haus anbringen lassen. Um das Haus vor Verschmutzung durch die Vögel zu schützen, bringt man am besten

Die Rauchschwalbe hat ein besonders enges Verhältnis zum Menschen gesucht, denn sie zieht ihre Jungen in Nestern auf, die sie in Ställe, Schuppen, Garagen und Dielen baut.

ein 20 cm breites Brett unter den Nestern an.

Für Schleiereulen sind Kisten von ca. 1/4 Kubikmeter Rauminhalt geeignet, die auf Dachböden oder hoch in Schuppen und Scheunen in der Nähe eines Fensters befestigt werden. Als Schlupfloch genügt eine 20 × 20 cm große Öffnung in einer oberen Ecke der Kiste.

Es ist ein sehr wertvoller Beitrag zum Vogel-, Natur- und Umweltschutz, Nistgelegenheiten für die Gefiederten zu schaffen. Wer einige Nistkästen in seinem Garten aufhängt, wird nicht über madiges Obst und befressenes Gemüse zu klagen haben, denn die Vögel halten den Garten von Schädlingen frei. Unermüdlich suchen sie jeden Baum, jeden Ast und Zweig nach Kerfen ab. Rotschwänzchen finden viele Raupen zwischen den jungen Gemüsepflanzen – und die Fliegenschnäpper halten sich an die Fluginsekten. Wir dienen uns mit dem Aufhängen von Nistgelegenheiten also selbst. Eine besondere Freude ist es aber, wenn wir aus »unserem« Nistkasten eine Schar junger Vögel ausfliegen sehen.

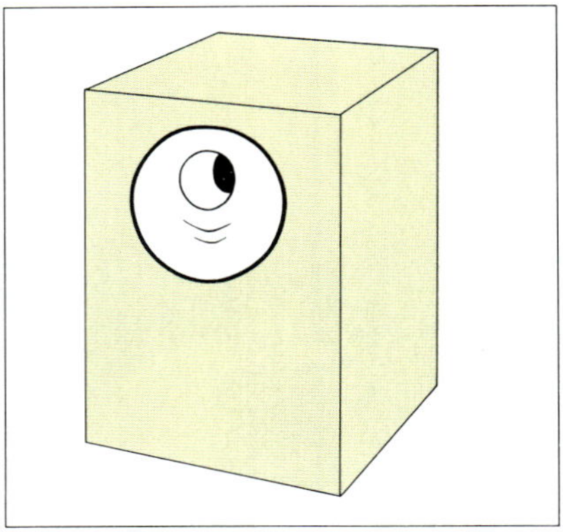

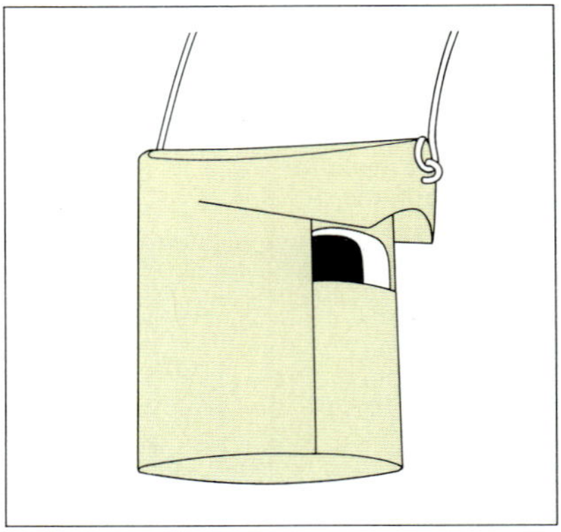

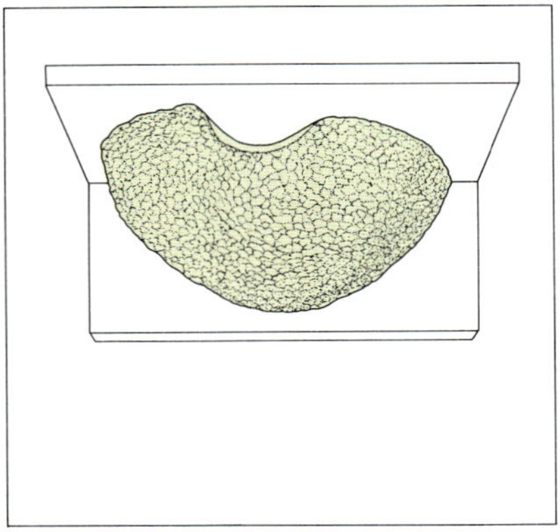

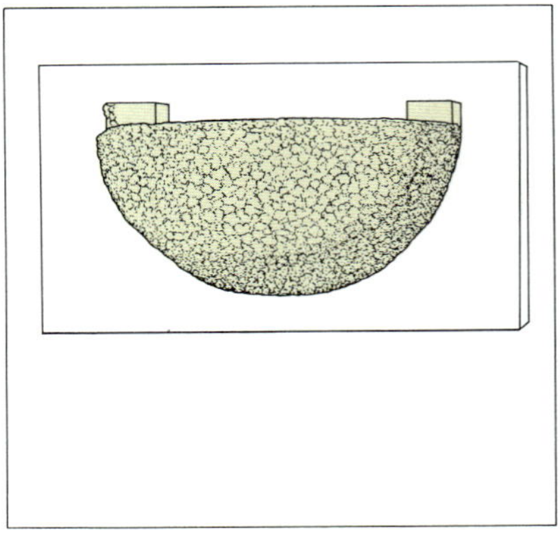

Schutz den Nistplätzen

In unseren Gärten und in den Anlagen, Hecken und Büschen in Häusernähe sieht man selten mehr junge Singvögel. Das liegt daran, daß immer mehr Katzen auf Vogeljagd gehen. Deren Besitzer kümmern sich zum größten Teil nicht um die Vorschriften, Katzen während des Frühjahrs und Sommers nicht unbeaufsichtigt nach draußen zu lassen. Vielerorts haben sich auch die Marder sehr vermehrt und Parks und Gärten zu ihren Jagdrevieren gemacht. Noch zahlreicher suchen Elstern und Eichelhäher ohne jede Scheu Büsche, Hecken und Bäume nach Nestern ab. Dieses vom Menschen gestiftete Ungleichgewicht in der Ortslandschaft trägt entscheidend dazu bei, daß die Singvögel kaum Junge großbekommen.

Jeder von uns kann aber mithelfen, die Feinde von den Nestern abzuwehren. Ich möchte hier ein paar Tips geben, wie dies zu erreichen ist:

Vierbeinige Nestplünderer kommen nicht auf den Baum, wenn um dessen Stamm eine glatte Blechmanschette gelegt wird. Sie sollte so hoch angebracht werden, daß eine Katze oder ein Marder

Links: Ein Niststein für Meisen, Trauerschnäpper und Hausrotschwanz sollte an Giebeln von Neu- und Altbauten eingemauert werden. Für Lehrzwecke sind Niststeine besonders an Schulgebäuden zu empfehlen.

Mitte:
Eine Halbhöhle aus Holzbeton mit freischwebender Aufhängung und besonders engem Einschlupf, wie sie vor allem von Gartenrotschwänzchen bevorzugt wird.

Rechts: Durch das steile Dach und die freischwebende Aufhängung ist dieser Meisennistkasten aus Holzbeton sicher vor Katzen und Raubwild.

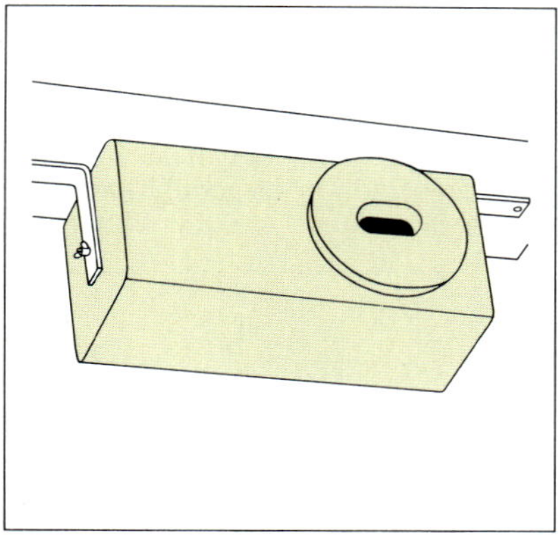

Links: Nistschale aus Holzbeton für Mehlschwalben. Sie wird außen am Haus unter Giebeln und Dachüberständen befestigt.

Mitte: Nistschale aus Holzbeton für Rauchschwalben. Sie wird in Schuppen, Ställen und Garagen dicht unter der Decke angebracht.

Rechts: Ein Nistkasten für Mauersegler, der außen an Gebäuden angebracht wird, am besten unter dem Dachüberstand.

sie nicht im Sprung überwinden kann. Und sie muß sehr breit sein.
Von ähnlicher Wirkung ist auch ein Stachelband, das um einen Baumstamm gelegt werden kann. Dies kann aus spitz zulaufenden Blechstreifen oder aus langen Drahtstacheln wie beim Stacheldraht sein. Wird oberhalb einer Blechmanschette ein Stachelband um den Baumstamm gelegt, ist das Hindernis für pelztragende Nesträuber unüberwindlich.
Es gilt aber noch die Nester vor den befiederten Feinden zu schützen. Sind es freistehende Nester, etwa vom Buchfink oder Stieglitz oder solche in Halbhöhlen wie von Gartenrotschwanz oder Grauschnäpper, dann kann man rundherum in einigem Abstand zum Nest (15 bis 20 cm) einen Maschendrahtkorb legen. Die Maschenweite sollte so gewählt werden, daß die Nestbesitzer noch gut hindurchschlüpfen können, nicht aber Eichelhäher und Elster. So ein Schutzkorb stört die Brutvögel nicht. Sie brüten weiter, und ziehen die Jungen gut auf. In solche Nester kann auch kein Kuckuck Eier schmuggeln!
Für Buschbrüter und für Bodenbrüter läßt sich ebenfalls ein Nestschutz aus

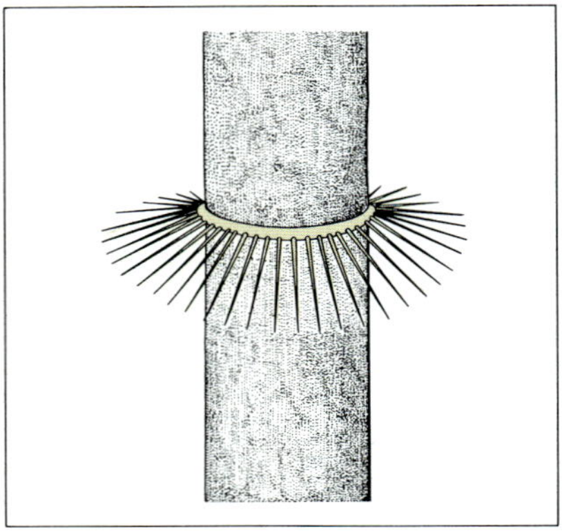

Maschendraht bauen. Oft muß der ganze Busch mit Drahtgeflecht umgeben werden, doch es lohnt die Mühe, wenn dann die Jungen gesund und munter ausfliegen.
Bei Höhlenbrütern wie Meisen, Trauerschnäppern und anderen reicht der Schutz des Nistkastens häufig aus, vor allem wenn es sich um solche aus Holzbeton handelt, die einen vorgezogenen Ausschlupf haben. Dann können Katze und Marder, aber auch Eichhörnchen und die großen Vögel nicht mit der Pfote bzw. dem Schnabel hineingelangen. Für einige Holzbetonkästen, die diesen Vorbau nicht haben, gibt es Röhren oder Drahtgestelle, die vor dem Einschlupf angebracht werden können.
Andere Nistkästen, auch wenn sie nur einen kleinen Einschlupf haben, sollten Sie ebenfalls mit Drahtgeflecht umgeben. Das schützt die Bewohner auch davor, von einem Buntspecht herausgemeißelt zu werden. Es geschieht nämlich häufig, daß ein einfacher Holzkasten in Kürze von einem Buntspecht zerstört wird.
Nistkästen lassen sich an Baumstämmen anbringen, man kann sie aber auch an langen Drähten von Ästen herabhängen lassen. Es gibt sogar Holzbeton-Nistkästen, die kein flaches Dach haben, sondern wie ein Bleistift zugespitzt sind, damit sich darauf keiner der Feinde halten kann. Aus dem gleichen Grund gibt es die Dreieckhäuser aus Holz.

Der Stachelkranz hält Katzen, Marder, Eichhörnchen davon ab, den Brutbaum zu erklettern.

Unten: Nistkästen sollten nach unten geneigt und nach Südosten weisend an den Bäumen befestigt werden.

Aufpäppeln verlassener Vogelkinder

Vorausgeschickt soll sein, daß die wenigsten Vogeljungen verlassen sind. Sie werden von den futtersuchenden Eltern zeitweilig im Nest alleingelassen und sitzen vor allem nach dem Ausfliegen meistens allein irgendwo im Gebüsch oder Gras und warten geduldig auf ihre Eltern und damit auf die Fütterung.

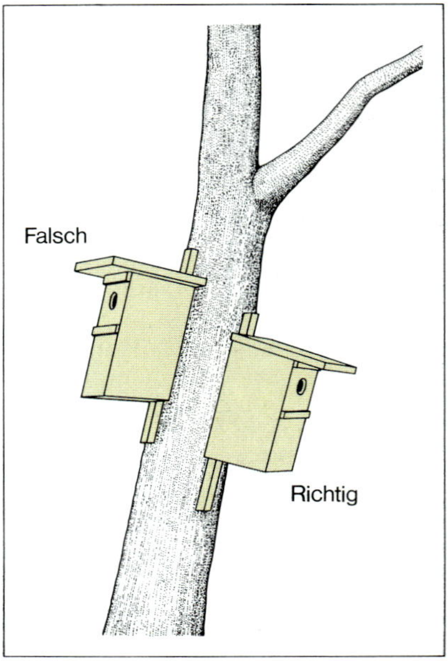

Eine Holzbetonhöhle für Kohlmeise, Kleiber und Trauerschnäpper mit vorgezogenem Einschlupf, was sie sicherer vor Mardern und Katzen macht, denn so weit um die Ecke können sie mit der Pfote nicht hinablangen.

Sehr günstig für die große Kinderschar der Kohl- und Blaumeisen sind solche Dreieckskästen, die sich leicht im Eigenbau herstellen lassen. Hier ist das Flugloch durch Zinkblech vor einer Erweiterung durch Spechte gesichert.

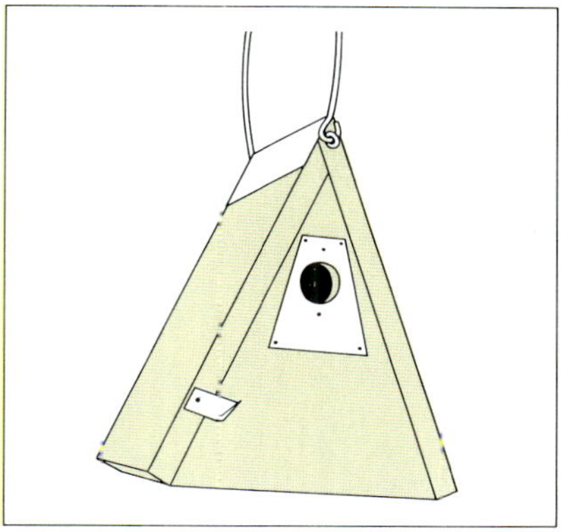

Während manche Vogeljungen nach dem Verlassen des Nestes sofort recht gut fliegen können, sind andere noch sehr unbeholfen oder gar flugunfähig. Dennoch haben sie das Nest freiwillig verlassen, denn sie wissen instinktiv, daß sie einzeln im Gebüsch versteckt sicherer vor Feinden sind, als gemeinsam im Nest. Kommen die Eltern in die Nähe der Verstecke, dann lassen sie Locktöne hören, woraufhin die Jungen antworten oder betteln und damit gefunden werden.
Finden Sie einen solch unbeholfenen Jungvogel, von dem Sie meinen, er wäre verlassen, dann sollten Sie ihn dort, wo er ist, sitzen lassen. Entfernen Sie sich ein Stück und beobachten Sie aus einem Versteck heraus, ob die Eltern zum Füttern kommen. Wenn diese sich innerhalb einer Stunde nicht sehen lassen, um ihr Junges zu füttern, dann können sie annehmen, daß es verlassen ist und Ihrer Hilfe bedarf. Finden Sie ein Nest mit kleineren, womöglich noch nackten Jungen darin, die bei der geringsten Berührung oder Annäherung hungrig schreien, leere Kröpfe haben und sich kühl anfühlen, dann begeben Sie sich zunächst ebenfalls auf einen versteckten Beobachtungsplatz. Nach spätestens einer Stunde können Sie auch hier sicher sein, ob die Jungen verlassen bzw. Waisen wurden. Die Eltern kleiner Vogelarten kommen nämlich alle paar Minuten mit Futter.
Nehmen Sie nun die verlassenen Vogelkinder mit nach Hause, beginnen für Sie aufregende, arbeitsreiche Tage, leider oft mit traurigem Ausgang. Es ist nämlich äußerst schwer, junge Vögel richtig zu ernähren und zu pflegen. Als Laie, und nicht nur als solcher, wissen Sie oft nicht einmal, zu welcher Vogelart die Kleinen gehören, also auch nicht, welches Futter sie brauchen und vertragen.
Wenn Sie nicht wissen, um welche Vögel es sich handelt, wenn Sie zudem nicht die Zeit haben, diese alle halbe Stunde zu füttern, sollten Sie sich um

In einer Naturstammhöhle brüten Buntspecht, Grünspecht, Grauspecht und Kleiber sehr gern. Letzterer verengt dann das Schlupfloch mit Lehmkügelchen. Abgedeckt ist dieser Stamm mit einer Eternitplatte.

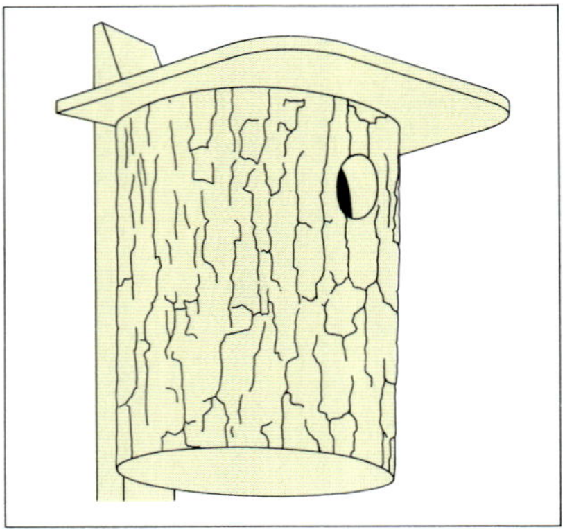

Dieser Halbhöhlenkasten aus Holzbeton wird gern von Bachstelze, Hausrotschwanz, Gartenrotschwanz, Grauschnäpper und manchmal auch vom Rotkehlchen angenommen.

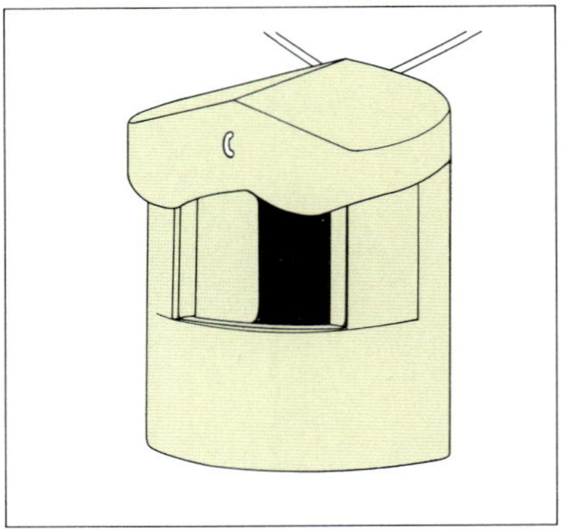

andere Pflegeeltern für sie bemühen. Der richtige Weg wäre zu einem Beauftragten der Naturschutz- bzw. Landschaftspflegebehörde. Entweder nimmt dieser die Vögel selbst in Pflege, oder er kann eine Auffangstelle nennen, wo die Vögel in sachkundige Hände kommen. Oft sind es Vogelzüchter, die einen großen Schatz an Erfahrungen, das geeignete Futter und den Platz in großen Gartenvolieren für eine Wiederauswilderung der aufgepäppelten Jungvögel haben. Häufig arbeiten Naturschutzbeauftragte mit solchen kenntnisreichen Vogelzüchtern zusammen, wodurch eine große Anzahl junger Vögel vor dem sicheren Tode bewahrt bleibt.

Wenngleich es äußerst selten vorkommen wird, daß Sie einen jungen Adler, Wanderfalken, Uhu, Kranich, Schwarz- oder Weißstorch verwaist finden werden, so sollten Sie doch wissen, daß Sie dies sofort der Naturschutz-, Forst- und Polizeibehörde melden müssen. Das gilt natürlich auch, wenn Sie verletzte Altvögel dieser Arten finden – und sogar für verendete Tiere. Diese Vogelarten sind bedroht, was übrigens leider auch für eine Anzahl anderer Arten gilt, von denen es ein Laie oft gar nicht weiß oder vermutet. Darum ist es in jedem Falle richtig, wenn Sie Zweifel wegen der Artzugehörigkeit Ihres Pfleglings haben, einen Fachmann der zuständigen Behörde zu befragen.

Doch nun zurück zur Praxis des Aufpäppelns. Daß der kleine Pflegling von frühmorgens bis spätabends regelmäßig Futter braucht, ist schon erwähnt worden. Wie schwer es aber oftmals ist, ihm das Futter einzuverleiben, soll nicht unerwähnt bleiben. Die einen sperren partout den Schnabel nicht auf, die anderen schleudern das gegebene Futter in die Gegend, weil die Happen nicht die richtige Größe haben und nicht tief genug in den Rachen geschoben werden. Sind die Futterbrocken zu trocken, geht es auch nicht, denn sie rutschen nicht beim Schlucken. Es sind also allerhand

Ein geöffneter Holzbeton-Nistkasten; im Herbst wird das alte Nest entfernt und der Kasten desinfiziert.

Überraschungen möglich. Viel Einfühlungsvermögen und Geduld wird von Ihnen verlangt, wenn Sie sich an das Aufpäppeln von Vogelkindern wagen. Aber es beglückt und macht stolz, wenn es gelingt. Und es gibt Pfleglinge, die ganz brav und erwartungsvoll den Schnabel aufsperren. Die anderen, die Störrischen, lernen es meistens schnell.

Sind die Findlinge womöglich noch kleine, teilweise nackte Nestlinge, dann brauchen sie gleichmäßige Wärme von etwa 33 °C. Diese Wärme darf nicht nur von oben kommen, indem ein Infrarot- oder ein Infrarot-Dunkelstrahler auf die Jungen gerichtet wird. Viel besser ist, wenn die Wärme von unten kommt und ihr Ersatznest erwärmt und man es von oben mit einem dünnen Taschentuch bedeckt, damit die Wärme bei den Jungen im Nest bleibt. Bei mir hat sich die JOKO-Nistkastenheizung dafür bestens bewährt. Auf diese 15 × 15 cm große Heizfolie wird das Nest in einem Karton, Holzkasten, einer Schüssel oder in einem Blumentopf gestellt. Dann haben es die Jungen wunderbar warm. Die Temperatur im Nest läßt sich auch leicht regulieren, indem eine Kachel, ein Holzbrettchen oder ein Stück Styropor zwischen die Heizung und das Nest gelegt werden.

Da wir gerade vom Nest sprechen: Lassen Sie die gefundenen Jungvögel nie in ihrem eigenen Nest, denn dieses ist meistens schon sehr verdreckt und steckt voller Milben und anderem Ungeziefer. Richtiger ist, Sie nehmen einen Karton, ein Körbchen, einen Holzkasten, eine Schüssel oder einen Blumentopf, die aus unglasiertem Ton sein sollten. Behälter aus Plastik, Metall oder Porzellan sind wegen des mangelhaften Feuchtigkeitsaustauschs nicht geeignet.

Das eigentliche Nest formen Sie aus trockenen, weichen Gräsern in den Behälter hinein und legen es mit einem Papiertaschentuch aus, bei größeren Arten mit einem Papierhandtuch. Wenn man das Tuch öfters erneuert, kann man das Nest gut sauberhalten. Außerdem hat man durch das Tuch eine gute Möglichkeit, die Beschaffenheit des Vogelkots zu kontrollieren.

Junge, die schon aus dem Nestlingsstadium herausgewachsen sind, aber noch nicht fliegen können, sind in einem hohen Karton gut untergebracht, später natürlich besser in einem Vogelbauer.

Das Futter für die aufzupäppelnden Vogeljungen muß im allgemeinen eiweißhaltig und leicht verdaulich sein. Die meisten Körnerfresser und die Weichfresser erhalten von ihren Eltern vorwiegend Kerb- und Weichtiere. Als Ersatz geben Sie am besten etwas hartgekochtes Eidotter (mindestens 12 Minu-

Bis die jungen Stare flügge sind, haben die Eltern große Mengen an Kerb- und Weichtieren herbeizuschleppen.

ten kochen), das mit einer Gabel fein zerdrückt wird. Diesem setzen Sie (für Körnerfresser) etwas Zwiebackmehl, Sittich-Gold, Kanarien-Gold, Quiko-Sitt, CeDe-Eifutter oder ähnliches hinzu, ferner etwas insektenhaltiges Weichfutter, etwa von »Claus« oder »Aleckwa«. Dieses kommt auch in eine Futtermischung für Weichfresser, die aus Eigelb, fein zerhacktem, gekochtem Rinderherz oder magerem Schabefleisch bestehen sollte. Dem Weichfutter können geriebene Möhre, Magerquark, zerdrückte Beeren und fein zerhackte Vogelmiere oder anderes Grün beigemischt werden, und zwar für Weich- wie Körnerfresser. Natürlich können auch Fliegen, Fliegenmaden, besonders die sogenannten »Pinkies« (aus Anglerläden), unbehaarte Raupen, Spinnen und kleine sowie frisch gehäutete Mehlwürmer (die Larven des Mehlkäfers), Getreideschimmelkäfer-Larven, Wachsmottenraupen, kleine Heimchen und Grillen, für Amsel- und andere Drosseljunge auch Regenwürmer gegeben werden. Diese Futtertiere sollten voller Erde sein, denn die Vögel brauchen Erde für eine funktionierende Verdauung. Frische Ameisenpuppen der Rasenameise (die

Rote Waldameise steht unter Naturschutz), sind für die Jungen aller Vogelarten besonders wertvoll, ferner Blattläuse und Wiesenplankton. Unter dieser Bezeichnung sind allerlei Insekten gemeint, die man mit dem Kescher von Gräsern und Kräutern abstreift. Von kleinsten Fluginsekten bis zu Grashüpfern kann auf diese Weise allerlei wertvolle Nahrung für die gefiederten Pfleglinge gefangen werden.

Nur wenige Körnerfresser füttern ihre Jungen ausschließlich mit Samen, und zwar mit halbreifen verschiedenster Wildkräuter, wie etwa Löwenzahn, Kreuzkraut, Hirtentäschel, Wegerich, Vogelmiere, Stiefmütterchen, um nur einige zu nennen (s. Kapitel »Das Körnerfutter«). Zu diesen Vögeln gehören Girlitz, Grünling, Hänfling. Deren Junge kann man geschälte Hirse (aus dem Reformhaus) in gequelltem oder gekochtem Zustand geben, angereichert mit hartgekochtem Eigelb. Auch Zwieback oder altes Weißbrot, leicht angefeuchtet, kann man reichen, und nach einigen Tagen etwas von einem der käuflichen Weichfutter.

Mauersegler- und Schwalbenjunge nehmen alle genannten Insekten, Weichtiere, Spinnen und die Fleischarten an, weniger gerne das Weich- und Eifutter.

Junge Greife wie Bussarde, Turmfalken, Eulen, Käuze, ferner Reiher und Störche erhalten magere Fleischstücke, auch Hunde- und Katzenfutter aus Dosen, Mäuse, Spatzen, Fischstücke, die kleineren Arten auch Heuschrecken, Grillen und große Käfer bzw. Mehlwürmer. Wenn vor allem schieres Fleisch gefüttert wird, sollte es mit Haaren von Mäusen oder Federn von Spatzen »paniert« werden, da die Vögel diese Ballaststoffe zur Bildung von Gewöllen brauchen. In diesen Gewöllen werden alle unverdaulichen Nahrungsbestandteile ausgeschieden bzw. ausgespien.

Den Jungen von Krähen, Dohlen, Elstern und Eichelhähern gibt man von allen gröberen der genannten Futterarten. Gerne nehmen diese Vögel auch gekochte Kartoffeln (salzfrei) und eingeweichtes Weißbrot, vor allem wenn beides mit Haferflocken oder Weizenkleie »paniert« wird.

Die Küken von Fasanen, Rebhühnern, Wachteln, Kiebitzen und anderen Nestflüchtern, auch Entenküken, füttert man mit feinsten Sämereien, käuflichem Fasanenaufzuchtfutter, zerhacktem Grün, Ei, Ameisenpuppen und mit den anderen genannten Kerb- und Weichtieren bzw. mit feinen Weichfuttersorten. Sie picken das Futter selbständig auf, besonders wenn mit einem Stöckchen als Ersatz für den Schnabel der Eltern auf das Futter hinweisend gepickt wird.

Allen Jungvögeln muß zum Futter stets etwas Vitakalk oder Osspulvit oder ein anderes Kalkpräparat gegeben werden, denn sie sind in rapidem Wachstum und brauchen Mineralstoffe und Spurenelemente in großen Mengen zur Knochen- und Federbildung. Wenn die Jungvögel nicht mehr zu klein sind, sollte ein wenig Sand bzw. gute, unvergiftete Walderde dem Futter zugegeben werden. Auch ein Multivitamin-Präparat gehört in kleinen Gaben regelmäßig ins Futter. Abgekochtes Wasser wird in kleinen Mengen dem Futter zugesetzt, daß es gut rutscht. Weitere Wassergaben sind kaum nötig, denn die meisten Futterstoffe enthalten genügend Flüssigkeit.

Erste Hilfe für verletzte Vögel

Als Vogelzüchter sind Sie bald in Ihrer Nachbarschaft bekannt. So wird es nicht ausbleiben, daß man Ihnen verletzte Vögel ins Haus bringt. Viele Vögel werden im Straßenverkehr verletzt, oder sie prallen gegen Fensterscheiben. Andere werden von Katzen gefangen und verletzt. Wird Ihnen nun ein solch hilfloser Patient gebracht, dann sollten Sie ihn zuerst einmal in einem passenden, nicht zu großen Karton zur Ruhe kommen lassen. Der Karton wird mit einem weichen Handtuch ausgelegt, mit einem weiteren zugedeckt. Nur wenn der Vogel aus einer Wunde blutet, ist eine sofortige Behandlung richtig. Sonst wird er durch den Blutverlust zu stark geschwächt.
Zu blutenden Fleischwunden kommt es meistens durch Katzenkrallen. Oft ist die Brust betroffen, oder auch ein Schenkel. Sollte sich die Blutung nicht von selbst legen, kann ein entsprechendes Stück Gazeverband daraufgelegt und mit Leukofix oder einem ähnlichen Klebeband befestigt werden. Auch auf dem Kopf oder am Flügelbug entstandene blutende Wunden können so verbunden werden. Platzwunden auf dem Kopf sollten vom Tierarzt genäht werden, da sie sonst häufig eine Glatze hinterlassen, die immer wieder anfällig für Verletzungen ist. Vor allem bei größeren Vögeln wird das Nähen und weitere Behandeln von Wunden durch den Tierarzt erforderlich sein.
Zeigt ein Vogel keine äußeren Verletzungen und auch keine Knochenbrüche, dann hat er meistens einen Schock erlitten. Die häufigste Ursache hierfür ist ein Aufprall gegen ein Fenster oder die Seite eines fahrenden Autos. Ein Schock oder eine Gehirnerschütterung sind dann meistens die Folge. Hat der

Am besten können Brüche des Laufs, der Ferse oder des unteren Teils des Schenkels mit einer Schiene aus Pappe gerichtet werden. Damit sie gut sitzt und dem gebrochenen Bein Halt gibt, wird sie mit Klebeband umwickelt und körpergerecht befestigt.

Bei Brüchen des Laufs hilft häufig eine Rundbandage. Diese kann, je nach Größe des Vogels, aus Pappe, Papier oder einem aufgeschnittenen Trinkhalm hergestellt werden. Außen aufgeklebte Bänder oder Zwirnsfäden helfen sehr, die Bandage leicht, und doch fest, anzulegen. Ein Tropfen UHU auf dem Knoten verhindert, daß der Vogel ihn aufzurren kann.

Vogel sich etwas erholt, ist aber noch benommen und flugunfähig, bringt man ihn zunächst in einem kleinen Käfig unter. Dort sollte er Wasser und Futter in flachen Näpfen auf dem Käfigboden vorfinden. Ist er wieder munter und zeigt keinerlei Behinderungen mehr, kann er freigelassen werden.

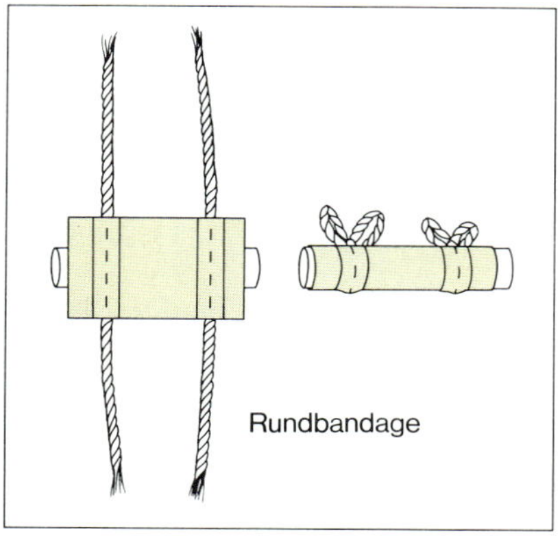
Rundbandage

Ringt ein aufgeprallter Vogel stark nach Luft, hat er wahrscheinlich einen Kreislaufkollaps erlitten. Es kann dann vielleicht hilfreich sein, wenn man ihm die Brustseiten leicht massiert. Auf der Brustmitte hat das Massieren wenig Sinn, da das Brustbein und die starke Brustmuskulatur eine Belebung der Herztätigkeit und damit des Kreislaufs verhindern.

Sehr häufig werden Vögel mit gebrochenem Flügel oder gebrochenem Bein aufgefunden. Bevor eine Schiene angelegt wird, sollte der Patient genau beobachtet werden. Wenn der gebrochene Flügel nicht zu sehr hängt oder verdreht steht, braucht er nicht fixiert zu werden. Das gilt auch für ein gebrochenes Bein. Steht es nicht in einer unnatürlichen Weise ab, kann es ungeschient bleiben. Man setzt dann den Vogel in einen kleinen Käfig ohne Sitzstangen, den man an einen ruhigen Platz stellt.

Um einen gebrochenen Flügel ruhigzustellen, wird eine Stütze aus festem Papier zurechtgeschnitten und mit Klebeband am Flügel fixiert.

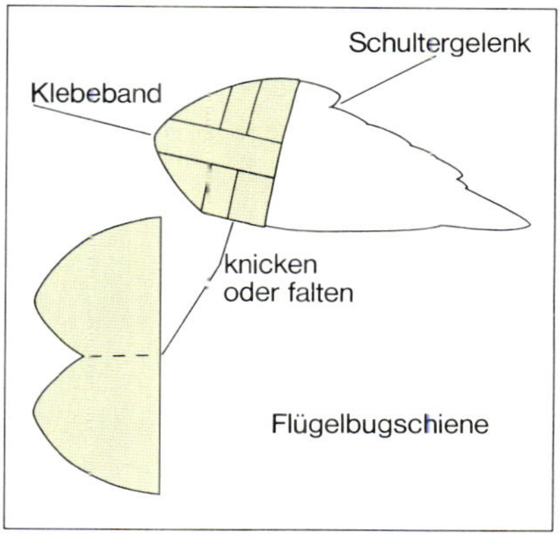

Flügelbugschiene

Oft läßt es sich aber nicht vermeiden, daß ein Flügel- oder Beinbruch geschient werden muß. Ein Flügel kann meistens mit Leukofix in der natürlichen Position befestigt werden. Ob beide Flügel stillgelegt werden müssen, hängt von der Art des Bruchs ab.

Bei Fuß- oder Beinbrüchen ist es häufig so, daß das gebrochene Glied unnatürlich absteht. Darum ist es nötig eine Schiene anzubringen oder mit Klebeband die Beine so zusammenzuhalten, daß sie nicht nach außen wegrutschen. Als Materialien zum Schienen können bei kleinen Vögeln Strohhalme, Feder-

Bei Brüchen der Schenkel kommt es vor allem darauf an, das Auseinanderrutschen der Beine zu verhindern. Sonst wächst das gebrochene Bein möglicherweise schief an und steht unnatürlich ab. Dies kann eine starke Behinderung bedeuten.

Manchmal reicht bei einem Flügelbruch ein ganz einfacher Halteverband. Der Vogel sollte dann in einem kleinen Käfig ohne Flug- und Springmöglichkeit untergebracht werden.

Bandagen, die verhindern, daß die Füße auseinanderrutschen

einfache Flügelbandage

kiele oder zurechtgeschnittene Pappstreifen genommen werden. Auch die geschienten Patienten sollten alleine in einem kleinen Käfig ohne Sitzstangen untergebracht werden, bis der Knochenbruch verheilt ist. Das dauert etwa 2 bis 3 Wochen. Danach setzt man die Vögel in einen Flugkäfig oder in eine Gartenvoliere um. Dort zeigt sich, ob sie wieder flugfähig und vollkommen fit für ein Entlassen in die Natur sind. Sie benötigen dafür einige Wochen Zeit, damit sich ihre Flugmuskulatur wieder kräftigt.

Tränke und Bad

Tränke und Bad für die Vögel sind besonders im Sommer wichtig und ebensowenig entbehrlich wie Nisthilfen und Winterfütterung. Ob die Tränke aus einer flachen Steinschale besteht oder aus Plastik ist, spielt keine Rolle. Auch

Rutscht der gebrochene Flügel sehr herunter und kann dadurch nicht richtig verheilen, kann er in der natürlichen Lage mit Klebeband am Körper befestigt werden. Im Falle es zu einer stark blutenden oder entzündeten Wunde kommt, kann ein Mullverband angelegt und mit Klebeband fixiert werden.

Unten: Schräg in den Boden eingelassene Vogeltränken bieten unterschiedliche Wassertiefe; der rauhe Boden macht sie standfest.

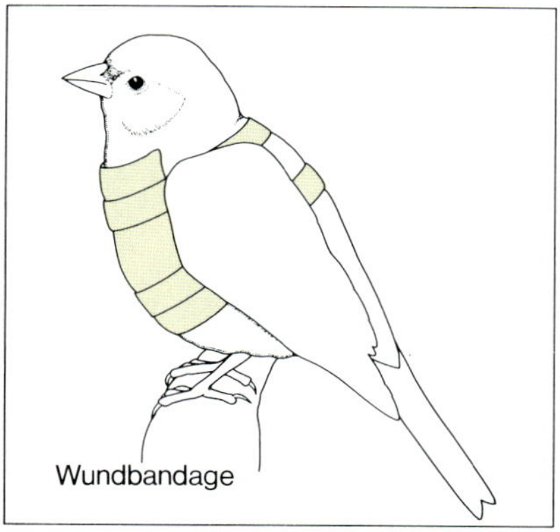

ist es unwichtig, ob sie auf dem Boden oder erhöht steht. Die Tränke muß jedoch flach sein und darf keine steilen Wände haben, sondern allmählich ansteigende Ränder. Große Steinbecken können etwas schräg in den Boden eingelassen werden, wenn sie keine schrägen Wände haben. In Becken mit steilen Rändern kann man Kiesel oder auch größere Steine legen, die allmählich schräg ins Wasser führen. Dies ist wichtig, weil badende Vögel sich oft völlig durchnässen, dann flugunfähig sind und aus einem steilwandigen Becken möglicherweise nicht mehr heraus können. In Badebecken aus Plastik sollte der Boden geriffelt oder mit grobem Sand bedeckt sein, damit die Vögel einen Halt finden.

Für jeden, der Vögel hält und züchtet, ist es eine Selbstverständlichkeit, daß Trink- und Badewasser regelmäßig zu erneuern sind. Das gilt auch für Tränke und Badeschale im Garten für die wildlebenden Vögel, da sonst das Wasser leicht schlecht werden und den Vögeln mehr schaden als nützen kann. Kleinere Behälter sollten jeden zweiten oder dritten Tag ausgeleert und gereinigt werden, bei größeren kann es reichen, wenn dies einmal wöchentlich geschieht.

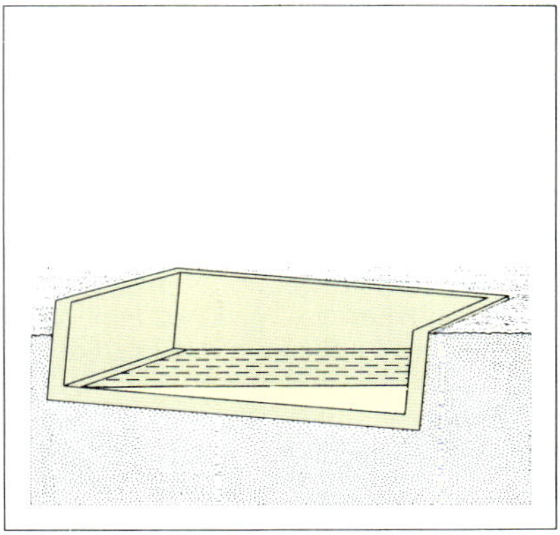

Für Käfige und Volieren mit wenigen Vögeln haben sich diese Wasser- und Futterspender sehr bewährt.

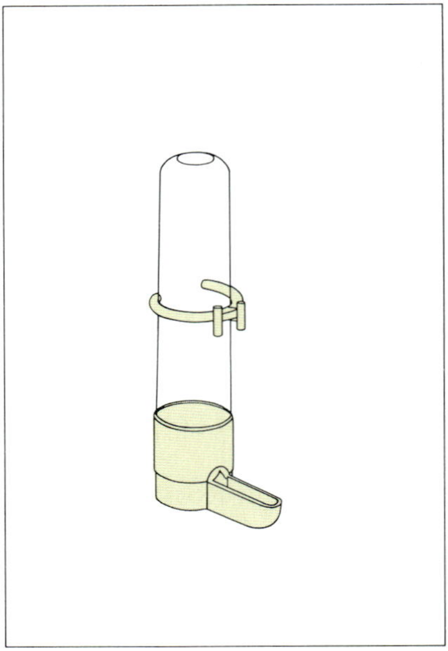

Wichtig für die Sicherheit der badenden Vögel ist, daß die Badeschale nicht zu nahe an dichtem Gebüsch steht. Katzen haben sonst leicht die Möglichkeit, sich ungesehen anzuschleichen und die durch das nasse Gefieder in ihrem Flugvermögen eingeschränkten Vögel zu erbeuten. Andererseits sollte das Badebecken auch nicht zu weit von rettendem Geäst entfernt sein. Am besten ist, wenn es unter den überhängenden Zweigen eines großen Baumes steht. Dann ist das Wasser auch nicht den ganzen Tag der Sonne ausgesetzt, wodurch es zu warm wird und durch Abfälle leicht verdirbt.

Winterfütterung

Winterfütterung der Vögel ist eine Notwendigkeit, denn wir haben die Gefiederten durch die Verödung und Verarmung der Natur weitgehend von uns abhängig gemacht. Besonders im Winter wird uns dies deutlich, wenn Wälder, Felder und Gärten aufgeräumt und wie leergefegt erscheinen. Wo sollen die Vögel da noch natürliche Nahrung finden?

Früher waren die Vögel nicht auf unsere Hilfe angewiesen, überall wucherten Wildkräuter und Büsche, die reichlich Samen und Beeren darboten, auch bei Kälte und hohem Schnee. Vermodernde Bäume blieben im Wald stehen oder liegen, in denen Spechte, Kleiber, Baumläufer und Meisen Raupen, Puppen und Eier von Insekten im Überfluß fanden.

Schon frühzeitig, Ende Oktober/Anfang November sollten Sie mit der Winterfütterung der Vögel beginnen. Zuerst gibt man nur kleine Futtermengen, damit die Vögel sich merken, wo es in Hungerzeiten etwas zu holen gibt! Erst bei Dauerfrost, geschlossener Schneedecke, bei Rauhreif und Eisregen wird dann das Futterhäuschen stets gut gefüllt.

Für die Körnerfresser gibt es gute Futtermischungen zu kaufen. Sie bestehen aus vielerlei öl- und stärkehaltigen Sämereien: Erdnuß- und Sonnenblumenkernen, Hanf, geschrotetem Weizen, Hafer, Mais und Hirse. Außerdem kann man Gurken- und zerhackte Kürbiskerne geben. Bucheckern werden besonders gern von Bergfinken, Kirschkerne von Kernbeißern genommen.

Von den sieben heimischen Meisenarten werden vor allem Kohl-, Blau-, Sumpf- und Weidenmeise das Futterhäuschen besuchen. Selten lassen sich Tannen-, Hauben- und Schwanzmeise aus dem Wald locken. Außer Erdnuß- und Sonnenblumenkernen nehmen die

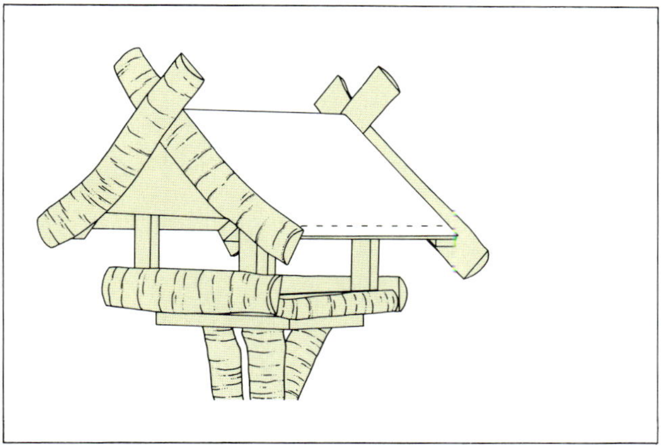

Dieses Futterhäuschen ist eins der üblichen, wie sie alljährlich in großer Zahl erstanden werden. Leider sind sie mehr dekorativ als praktisch, denn sie sind äußerst schwer zu reinigen und zu desinfizieren. Bei regem Besuch durch die Gefiederten ist regelmäßiges Säubern aber unbedingt notwendig.

Meisen gern Rindertalg, Kokosfett und darin vermischte Haferflocken und Sämereien an. Dieses Talgfutter können Sie selbst leicht bereiten und in Kokosnußschalen oder Blumentöpfen anbieten, die herabhängend in der Nähe des Futterhäuschens angebracht werden. Dafür eignen sich auch die käuflichen Meisenringe, -herzen, -knödel und -ruten. Außer Meisen wird auch Kleibern und Spechten dieses Futter gefallen. Zwar sind alle diese Vögel im übrigen Jahr ganz auf den Verzehr von Insekten eingestellt, nehmen aber zum Winter gern ölhaltige Sämereien und Fett an.

Die reinen Körnerfresser, die im Winter hier bleiben oder zuziehen, sind neben Haus- und Feldsperling vor allem Grünfink, Gimpel, Buchfink, Bergfink, Kernbeißer, Goldammer, Stieglitz und Zeisig, manchmal auch Grauammer, Schneeammer und Birkenzeisig. Von diesen kommen die Spatzen, Grünfink, Gimpel, Buchfink, Bergfink und Kernbeißer bereitwillig an das Futterhäuschen. Stieglitz und Zeisig turnen lieber in den schlanken Zweigen von Birken und Erlen. Sie naschen gern von Meisenknödeln, wenn sie besonders hoch in den Bäumen hängen. Die Ammern bleiben dagegen lieber auf dem Boden und nehmen das Futter, das die anderen aus dem Futterhäuschen verstreuen.

Sonnenblumenkerne, Hanf, Weizen, Hafer, Hirse und ein Waldvogel-Mischfutter werden von den Finken und Ammern bevorzugt, auch Dreschabfälle können zugefüttert werden.

Es bleibt aber auch eine Reihe Vögel mit anderen Futteransprüchen den Winter über bei uns. Es sind Vögel, die sich vor allem von Kerb- und Weichtieren und von Beeren ernähren. Sie haben dafür einen schlanken Pfriemschnabel und werden Weichfresser genannt. Rotkehlchen, Zaunkönig, Heckenbraunelle, Haubenlerche, Goldhähnchen und Baumläufer sind Weichfresser, die im

Bei starkem Frost, dicker Schneedecke und leergeernteten Büschen und Bäumen leiden die Amseln sehr. Sie versuchen dann, dick aufgeplustert still dazusitzen, um mit Wärme und Energie hauszuhalten.

Winter oft große Not leiden. Auch die aus dem Norden zugezogenen Wacholderdrosseln und Seidenschwänze finden bald keine Beeren mehr an den Sträuchern und kommen zu den Futterstellen. Für alle diese Vögel gibt es ein fertiges Weichfresserfutter zu kaufen. Ferner können Sie ihnen in Rindertalg geschwenkte und zerkrümelte Haferflocken, Garnelenbruch, rohes Hackfleisch, Mehlwürmer, Rosinen und zerschnittene Feigen (ungeschwefelte), ferner getrocknete Vogelbeeren geben. Auch ganz feine Sämereien wie Mohn und Negersaat werden gern von Rotkehlchen und Heckenbraunelle genommen.

Für Äpfel und Apfelstücke werden besonders Amseln und Wacholderdrosseln dankbar sein. Wer einen Garten hat, kann einige Äpfel an den Bäumen lassen. Sie werden besonders begierig während der Frostperioden angenommen. Die gefrorenen Äpfel schaden den Vögeln nicht, wie ich bei eigens gekennzeichneten Tieren wiederholt feststellen konnte.

Für Rebhühner, Fasane und Türkentauben schütten Sie Hühnerfutter und Dreschabfälle unter ein auf Pfähle gestelltes Bretterdach. Sand und feiner Kies sollte diesen Vögeln bei lang anhaltendem, hohem Schnee zur Verdauung ebenfalls gegeben werden.

Den Mäusebussarden und Rauhfußbussarden können Sie helfen, indem Sie unfalltote Hasen und Kaninchen sowie Abfallfleisch stets an einen bestimmten »Luderplatz« bringen. Dort versammelt sich oft ein halbes Dutzend Bussarde, um den Winter sorgenfreier zu überstehen. Solche Luderplätze werden mei-

Buchfinken-Männchen bleiben auch im Winter bei uns. Sie müssen dann sehr darben, finden sie nicht eine gutversorgte Futterstelle.

stens vom Naturschutzbeauftragten oder Jagdpächter unterhalten. Es ist also ratsam, diesen Personen das Futter zu übergeben oder es mit deren Einverständnis an die vorgesehenen Plätze zu bringen.

Ob das Futterhäuschen gekauft oder selbst gebaut ist, spielt keine Rolle, solange es seinen Zweck erfüllt und den Vögeln bei Eis und Schnee sauberes, trockenes Futter liefert.

Die Bodenfläche des Futterhäuschens sollte einen mehrere Zentimeter hohen Rand haben, damit von den Vögeln nicht das meiste Futter binnen kurzem hinuntergescharrt und in den Schnee geworfen wird. Ferner ist ein breites, weit überstehendes Dach notwendig, damit das Futter nicht durch Regen und Schnee verdorben wird.

Material und Form des Futterhäuschens sind zweitrangig, solange die oben genannten Punkte Berücksichtigung finden.

Das Futterhäuschen kann im Garten aufgestellt, am Fenster oder am Balkon angebracht oder aufgehängt werden. Sind Katzen in der Nähe, empfiehlt sich das Aufhängen oder das Anbringen einer stacheligen Blechmanschette um den Fuß des Futterhäuschens. Auch dort, wo viele Mäuse in der Nähe sind,

Ein Vogelfutterhäuschen vor dem Fenster bringt Kohlmeisen, wie hier, aber auch viele andere Vögel in unsere unmittelbare Nähe. Wir lernen die Gefiederten kennen und lieben, ein wichtiger Schritt zum Vogelschutz.

ist das Aufhängen oder eine glatte Blechmanschette nötig, denn die Mäuse ruhen nicht, bis sie sämtliches Futter in ihren Höhlen gehortet haben.

Das Futterhäuschen sollte den Vögeln möglichst viel freien Blick nach allen Seiten gewähren. In der Nähe mögen sie gern als Schutz und Zuflucht vor Greifen und anderen Feinden dichte Büsche oder Bäumchen. Sind keine vorhanden, sollten Sie Gestrüpp in der Nähe aufschichten oder lange Fichten- und Kiefernzweige so in den Boden stecken, daß sie ein Dickicht bilden.

Ein zweites Futterhäuschen sollten Sie direkt auf den Boden stellen. Es genügt dazu eine umgedrehte flache Gemüsekiste, deren Boden mit Dachpappe benagelt wird und die etwa 30 cm lange Füße aus Leisten bekommt. Hier können Sie Rotkehlchen, Zaunkönig, Heckenbraunelle, Amsel, Wacholderdrossel und Türkentaube füttern, alles Vögel, die ungern auf ein hochstehendes Futterhaus kommen. Grenzen Feld oder Wald direkt an den Garten, können auch Rebhuhn oder Fasan zu den Gästen dieser Futterstelle zählen. Damit die Vögel nicht von einer anschleichenden Katze überrascht werden können, sollte das Gelände rund um eine derartige Futterstelle völlig offen sein.

Erfahrungen aus der Haltung einheimischer Vögel

Die artgerechte Unterbringung

Wenn Sie einheimische Vögel pflegen wollen, müssen Sie sich zuerst einmal darüber im klaren sein, wo und wie Sie sie unterbringen wollen. Von Seiten des Tierschutzgesetzes und der Naturschutzbehörde, von der Sie eine Haltegenehmigung für einheimische Vögel brauchen, wird artgerechte Unterbringung verlangt. Was bedeutet das?
Die Vögel sollen fliegen können. Ein Käfig darf nicht so klein sein, daß sie nur hin und her hüpfen können. Solche Käfige waren früher allgemein üblich und werden zum Teil auch heute noch im Handel angeboten.
Mit der Größe des Käfigs allein ist es jedoch noch nicht getan. Er soll auch artgerecht ausgestattet sein. Es genügt nicht, einige Sitzstangen anzubringen. Vielmehr sollen es Naturzweige sein, und zwar möglichst auch solche, wie sie die jeweilige Vogelart in der Natur bevorzugt. So wird sich ein Gimpel und Fichtenkreuzschnabel in frischem Tannengrün am wohlsten fühlen, ein Zeisig gern in dünnem Birkengezweig turnen.
In Volieren bestehen noch bessere Möglichkeiten, den Vögeln eine Einrichtung zu bieten, die ihrem natürlichen Biotop nahekommt. Je größer und natürlicher eingerichtet die Volieren sein können, desto besser wird das Wohlbefinden der Bewohner sein. Auch ihre Verhaltensweisen werden in einer großen Voliere weit eher denen der wildlebenden Vögel entsprechen, als wenn sie zu beengt untergebracht sind.
Die Vögel finden in einer so eingerichteten Voliere Ruhe- und Schlafplätze zwischen Gezweig und Singwarten und außerdem geeignete Nistplätze.
Karl Sabel beschreibt in seinem Buch »Naturgemäße Finkenzucht« seine »Biotopvoliere«, ein aus drei Teilen bestehendes Gehege, das der naturgemäßen Unterbringung unserer einheimischen Finkenvögel am besten Rechnung trägt. Da ist einmal der helle Schutzraum mit Ausflugmöglichkeit in eine mit vielen Sträuchern bepflanzte Voliere, die mit Glas oder lichtdurchlässigen Plastikplatten überdacht ist. An Pflanzen sind vor allem Schwarzer Holunder, Zypressen und Scheinzypressen gepflanzt, da diese den Vögeln weniger »schmekken« und darum länger in der Voliere ausdauern. Den dritten Teil nennt Sabel die Weidevoliere. Darin sind keine lebenden Sträucher gepflanzt, sondern reichlich kahle Äste und trockene Bäumchen vorhanden. Auf den natürlichen Erdboden dieser Voliere wird im Sommerhalbjahr Körnerfutter ausgestreut, das dann keimt und sprießt, und von den Vögeln gern »geweidet« wird. Diese Voliere hat oben nur Drahtgeflecht, so daß Sonne und Regen hineinkönnen, was die Vögel auch genießen. Bei Gefahr fliegen sie in die bepflanzte Voliere, auch bei heftigen Regengüssen und Hagel. Auch übernachten die Vögel nicht in der offenen, kahlen Weidevoliere, sondern sie suchen den Schutz der Büsche oder der Innenvoliere auf. Während der Boden der bepflanzten Voliere Garten- oder Walderde ist, wird der in der Innenvoliere mit Sand bedeckt.
Nicht jeder Züchter wird die Möglichkeit haben, seinen Vögeln eine solche mehrteilige Biotopvoliere zu bieten. Oft ist nicht genügend Platz vorhanden,

oder die gepflegten Arten vertragen sich nicht miteinander in einer Voliere. So kann sich manch ein Pärchen im großen Käfig sicherer und wohler fühlen, als in einer großen Gesellschaft, die in einer Gartenvoliere lebt. Jeder Vogelart soll die ihr zusagende Unterbringung geboten werden. Hinweise dazu erhält der Vogelhalter durch Beobachten und durch Lesen der Fachliteratur. Dann fühlen sich die Gefiederten nicht nur wohl, sondern brüten auch erfolgreich.

Käfig und Voliere

Wenn Sie heimische Vögel in der Wohnung halten möchten und keinen Platz für Volieren haben, dann lassen sich einige der in diesem Buch vorgestellten Arten auch in einem Käfig unterbringen. Und auch wenn Sie große Volieren besitzen, wird es hin und wieder nötig sein, ein unverträgliches Paar in einen Käfig umzusetzen. Manche Vögel leben fast das ganze Jahr lang gut in einer Voliere, doch möchten sie zur Aufzucht ihrer Jungen ungestört sein; nur dann bringen sie Nachwuchs groß. Schließlich ist es erforderlich, einen oder mehrere Käfige bereitstehen zu haben, falls sich ein Volierenbewohner verletzt, falls Vögel zum Aufpäppeln oder Gesundpflegen gebracht werden oder wenn Vögel hinzugekauft wurden.
Wie soll ein Käfig für Waldvögel nun aussehen? Welche Größe muß er haben? Am besten sind Kistenkäfige geeignet. Sie werden so genannt, weil sie wie eine Kiste aus festen Wänden aus Holz oder Plastik bestehen und nur nach vorne eine offene Seite haben, die mit Gitterstäben oder Drahtgeflecht geschlossen wird.
In einem Kistenkäfig fühlen sich die Vögel schon deshalb wohler, als in einem allseits vergitterten, weil sie nur von einer Seite her Beunruhigungen oder Störungen zu erwarten haben. An den Seitenwänden lassen sich von innen leicht Halterungen für Äste und Zweige, sowie für Nistgelegenheiten anbringen. Wird der untere Teil der Vorderfront mit einer Glas- oder Plexiglasscheibe versehen, fallen aus einem Kistenkäfig kein Sand und keine Futterspelzen und Federchen heraus. Auf eine Schublade kann verzichtet werden, wenn vorne unterhalb der Glasscheibe eine etwa 5 bis 8 cm hohe Leiste die Vorderseite begrenzt. Es gibt heute Staubsauger, mit denen sich der alte Sand, Erde und die Verschmutzungen leicht heraussaugen lassen. Die Vögel stört ein solches Säubern nicht; sie gewöhnen sich schnell daran. Bei sehr unruhigen Paaren in der Brutzeit kann während der Reinigung auch die Trennwand in der Mitte eingeschoben werden. Dann fühlen auch sie sich wenig gestört.
Ein solcher Kistenkäfig braucht eine eigene Beleuchtung, da es in ihm sonst etwas zu dunkel für die Vögel ist. Es gibt Leuchtstoffröhren mit sehr praktischen Halterungen, die einfach vorne unter die Decke der Kistenkäfige geschraubt werden können. Zu den Röhren selbst ist zu sagen, daß sie möglichst eine dem Tageslicht ähnliche Farbe ausstrahlen sollten. Die amerikanischen »True-Lite-Röhren«, die dem Sonnenlicht ähnliches Licht abgeben, sind inzwischen bekannt und beliebt, leider auch sehr teuer

Diese Zimmervoliere entspricht den Bedingungen für eine artgerechte Unterbringung der Vögel in besonderem Maße. In ihr können sie nicht nur fliegen, sondern auch in natürlichem Gezweig herumklettern und Nistgelegenheiten für die Brut finden. Der Boden kann mit Sand, Erde und Grassoden ausgestattet werden.

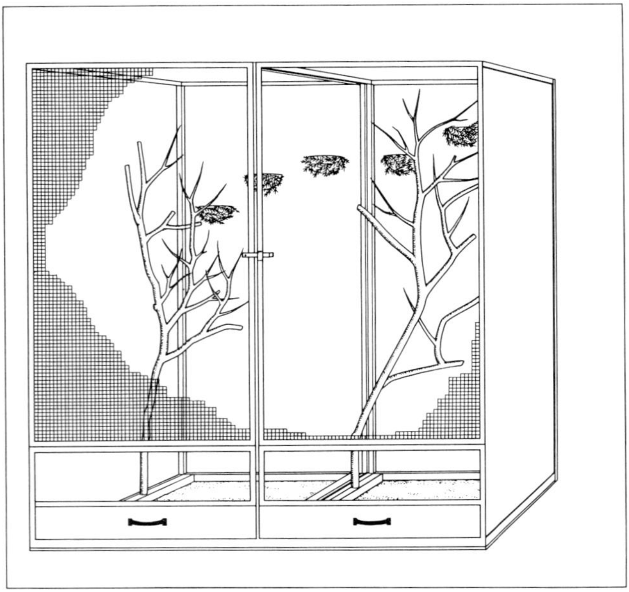

in der Anschaffung. Im allgemeinen haben sie aber eine lange Lebensdauer, so daß sich ihre Anschaffung lohnt. Gut sind auch die Röhren »Lumilux« in den Farben 21 (Normalweiß) und 11 (Tageslichtweiß), sowie die ganz normalen Röhren, Lichtfarbe 25 W, was ebenfalls Normalweiß bedeutet.

Um die meiste Zeit des Tages ohne Licht für den Kistenkäfig oder die Zimmervoliere auszukommen, müßten Sie diese oben offen lassen und nur mit farbloser Nylongaze bespannen. Wie Harald Nehring in der »Gefiederten Welt« (Heft 12/1983) beschreibt, fängt er das Sonnenlicht über zwei Spiegel ein, das dann die Voliere von oben beleuchtet. Für die Vögel ist das ideal, und sie sonnen sich gern im Licht und genießen die Wärme. Für größere Innenvolieren (vor allem in einem Vogelhaus) wären Oberlichter nach Nehrings Prinzip nicht nur eine Einsparung an Elektrizität, sondern vor allem eine große Verbesserung der Lebensqualität für die Vögel.

Ein Kistenkäfig, stabil gebaut, aber sonst so einfach wie möglich, ist ideal für die Haltung und Zucht einzelner Paare von Waldvögeln. Einen solchen Käfig hat W. Helbig in der »Gefiederten Welt« (Heft 10/1983) mit einer genauen Bauanleitung, Materialliste und Bauzeichnungen zum Nachbauen vorgestellt. Er muß eine zweckmäßige Form haben

Eine große Gartenvoliere mit angeschlossener Innenvoliere zur Haltung und Zucht einheimischer Singvögel.

In der Innenvoliere sind Futtertisch und Eingangsschleuse zu erkennen.

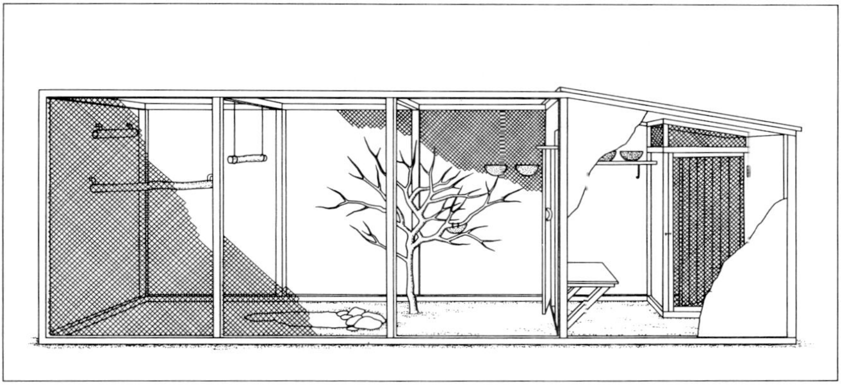

und genügend groß sein. Als Mindestgröße gelten 100 bis 120 cm Länge, 50 bis 70 cm Breite und 65 bis 100 cm Höhe. Die Vögel sollen ja artgerecht untergebracht sein, also fliegen können, Versteckmöglichkeiten bekommen und selbstverständlich auch Nistgelegenheiten. Es gibt heute sehr gute Halterungen, mit denen nicht nur Naturzweige in den Käfigen angebracht werden können, sondern auch alles andere Zubehör.

Für Zimmervolieren gilt im Prinzip dasselbe wie für Kistenkäfige. Je nach vorhandenem Platz können sie entsprechend großzügiger bemessen werden. Sie können von Tischhöhe bis zur Zimmerdecke oder auch vom Fußboden bis zur Decke reichen. Gut wäre, wenn außer den notwendigen Glühbirnen oder Leuchtstoffröhren auch ein Fenster zur Beleuchtung der Volieren zur Verfügung steht. Manchmal gibt es sogar die Möglichkeit, eine Zimmervoliere mit einer Gartenvoliere zu kombinieren. Dann können die Vögel auch nach draußen, um frische Luft und Sonnenlicht direkt zu genießen. Auch wenn es nur ein sehr begrenzter Vorbau vor dem Fenster sein kann, erfüllt er in jedem Fall diese wichtige Funktion.

Die beste Möglichkeit, einheimische Vögel zu halten, ist die in Gartenvolieren. Diese Vögel sind hier ja zu Hause und somit in gewohntem Klima. Sie kennen den Rhythmus der Jahreszeiten und die damit verbundenen Witterungsbedingungen. Ihr ganzer Organismus ist darauf eingestellt, Stoffwechsel und Hormone reagieren auf Licht- und Wärmeunterschiede im Jahresablauf. Das bedeutet aber nicht, daß eine Gartenvoliere, die rundherum mit Drahtgeflecht bespannt ist, für alle Jahreszeiten und Witterungen ausreicht. Bei naßkaltem Wetter im Sommer, bei Hagelschauern, Gewittern, Schneestürmen und starkem Frost, aber ebenso bei großer Hitze und Sonnenschein müssen die Vögel die Möglichkeit haben, Schutz zu suchen.

In diesen großen, sonnigen Gartenvolieren mit angeschlossenen Innenvolieren schreiten in jedem Jahr verschiedene einheimische Finkenarten erfolgreich zur Brut.

Es gibt mehrere Möglichkeiten, ihnen diesen zu bieten. Am einfachsten ist, wenn die Wetterseiten, also Westen und Norden, fest zugebaut werden, etwa mit einer Mauer, Holzwand oder mit lichtdurchlässigen Plastikplatten. Ebenso sollte von oben Schutz vor Sonne, Regen, Schnee und Hagel vorhanden sein. Darum ist etwa ein Drittel der Voliere mit einer Abdeckung aus Glas oder lichtdurchlässiger Plastikplatte zu versehen, ein weiteres Drittel mit einer Abdeckung aus Holz, Dachpappe, Dachpfannen oder Eternit.

Einen Teil der Außenvoliere zu bedekken ist auch dann empfehlenswert, wenn ein Schutzhaus oder eine größere Innenvoliere mit ihr verbunden ist. Die Vögel sitzen gern draußen, auch wenn sie bei einem Gewitter oder Hagelschauer in den Innenraum fliegen könnten.

Die ideale Unterbringung der heimischen Singvögel ist in einer Gartenvoliere mit angeschlossener Innenvoliere. Wird die Innenvoliere auf der Nord- oder Westseite angebaut, bildet sie gleichzeitig Schutz vor Sturm und Kälte. Die Vögel können im Winter in der frostfreien Innenvoliere Futter und Wasser bekommen. Manche Arten brüten sogar lieber drinnen als in der Außenvoliere. Eine Gartenvoliere muß nicht nur solide aus dauerhaften Materialien gebaut werden, sie braucht auch ein festes Fundament. Dieses soll nicht nur die Rahmenkonstruktion tragen, es soll den Vögeln auch Sicherheit vor Mäusen, Ratten, Wieseln und Mardern geben. Vor allem Ratten graben sich unter einem zu flachen Fundament leicht durch, um in die Voliere zu gelangen.

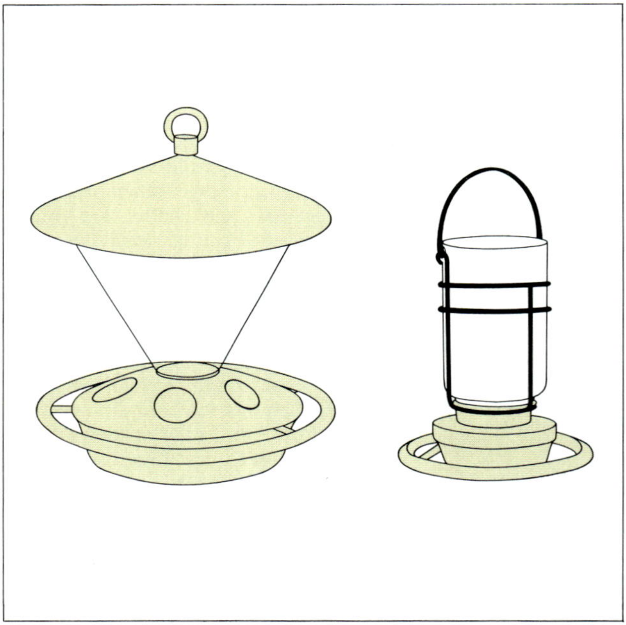

Diese Silos aus Plastik oder Glas sind für die Winterfütterung viel geeigneter als alle Häuschen, bei denen das Futter auf ein Bodenbrett geschüttet wird. Die Vögel können das Futter im Silo nicht beschmutzen und somit keine Krankheitskeime übertragen. Im Sommer lassen sich die Silos als Vogeltränken verwenden.

Das Mauerwerk muß also mindestens 50 cm tief in den Boden eingelassen werden, um einen Schutz darzustellen. Besser ist es, wenn der ganze Volierenboden ausbetoniert wird und dann einen Belag aus Erde, Sand, Laub oder Tannennadeln erhält. So kann auch der verschmutzte Bodengrund leichter ausgewechselt werden, als wenn er aus Naturboden besteht. Hierbei sind verschiedene Faktoren zu berücksichtigen, denn wenn Nadelbäume oder Sträucher gepflanzt werden sollen, ist Naturboden besser, als sie in Kübeln in die Voliere zu stellen.

Über den Bau die Einrichtung von Volieren und Käfigen gäbe es noch sehr viel zu schreiben, was aber den Rahmen dieses Büchleins sprengen würde. Es sind zu diesem Thema einige sehr gute Bücher erschienen, zu deren Lektüre ich vor dem Bau eigener Anlagen raten möchte. Es sind von Franz Robiller »Käfige und Volieren in Haus und Garten«, von Karl-Herbert Delpy »Volieren« und von Schräpel/Richter »Volieren in Zimmer und Garten« (s. Literaturverzeichnis).

Ernährung

Körnerfutter

Die meisten der in diesem Buch beschriebenen Vogelarten gehören zu den sogenannten Körnerfressern. Sie nehmen die Samen verschiedener Bäume und Kräuter auf. Eine Reihe dieser Sämereien gibt es im Handel zu kaufen, sowohl als Einzelsaaten wie auch als Mischungen. Diese Mischungen sind als »Waldvogelfutter« zu bekommen. Sie enthalten eine Reihe ölhaltiger Sämereien und auch einige mehlhaltige. Die Vögel picken sich das heraus, was ihnen schmeckt, anderes lassen sie unbeachtet liegen. Dadurch gibt es viel Abfall. Werden die Vögel dazu gezwungen, die Näpfe leerzufressen, können sie leicht leber- und darmkrank werden. Manchmal nehmen sie auch gern Samen auf, die ihnen nicht guttun, etwa Hanf. So sind einige Futtermittelfirmen dazu übergegangen, speziellere Futtermischungen für ganz bestimmte Vogelgruppen zusammenzustellen. Dadurch werden die Vögel artgerechter ernährt und brauchen nicht Samen aufzunehmen, die ihnen nicht bekömmlich sind. Auch gibt es weniger Abfall.

Die meisten Waldvogelpfleger geben ihren Vögeln die Samen einzeln in Näpfen oder in Automaten mit entsprechend vielen Abteilen. Dann gibt es viel weniger Abfall und die bevorzugten Samen in genügender Menge.

Alle für Waldvögel geeigneten Sämereien sollen hier kurz beschrieben werden. Zuerst die ölhaltigen Sämereien, da diese bei den meisten Vogelarten den Hauptanteil ihrer Nahrung bilden. Es hat sich gezeigt, daß nicht alle Vogelarten die gleichen Ölsamen mögen oder vertragen. Das liegt vor allem an der Zusammensetzung der Fette in den Sämereien.

Rübsen. Es gibt süßen, weniger fetthaltigen Sommerrübsen, der als Vogelfutter gut ist, und den bittereren Winterrübsen. Alle Finkenvögel, vor allem Hänfling, Grünling, Gimpel, Buchfink, Bergfink, Girlitz und auch Kernbeißer, Fichtenkreuzschnabel und Haussperling nehmen ihn.

Mohn ist sehr beliebt. Er hat sich als Heilmittel bei Darmerkrankungen erwiesen. Auch Heckenbraunelle und Rotkehlchen mögen ihn.

Leinsamen wird von fast allen Waldvögeln genommen. Er gibt dem Gefieder einen besonderen Glanz und wirkt verdauungsfördernd.

Hanf mögen alle heimischen Körnerfresser gern, ausgenommen der Girlitz. In kleiner Menge und in frischem, gut ausgereiftem Zustand hat der Hanf eine positive Wirkung, vor allem auf abgemagerte, schwache Tiere. Sonst sollte er nicht gegeben werden, da die Vögel leicht zu fett werden. Alter Hanf ist sogar giftig.

Negersaat enthält sehr leichtverdauliche Fette und einen hohen Anteil an Mineralstoffen, weshalb sie für unsere heimischen Finkenvögel ein sehr wertvolles und von allen gern genommenes Futter darstellt. Bei zu reichlicher Fütterung mit Negersaat können manche Vögel zu fett werden.

Sonnenblumenkerne sind in trockenem, halbreifem und gekeimtem Zustand ein begehrtes Futter für den Kernbeißer und Grünling. Sie werden zeit-

Der Buchfink ernährt sich im Laufe des Jahres von sehr unterschiedlichen Futterstoffen. Feinste Wildkrautsämereien bilden seine Frühjahrs- und Sommernahrung. Die Jungen zieht er vor allem mit Insekten und anderer tierischer Nahrung auf. Im Herbst werden viele Beeren bevorzugt, und im Winter mag er gern ölhaltige Samen.

weise aber auch von Buch- und Bergfink und von Kreuzschnäbeln angenommen.

Sesamsaat steht nicht bei allen unseren Finkenvögeln hoch im Kurs. Nur der Stieglitz nimmt zeitweise viel davon auf.

Perillasamen hat einen geringeren Fettgehalt als die meisten anderen ölhaltigen Samen. Besonders beliebt ist er beim Gimpel, Buch- und Bergfink, Hänfling und Girlitz. Aber auch die anderen verschmähen ihn durchaus nicht.

Die nun folgenden mehlhaltigen Sämereien versorgen die Vögel überwiegend mit Kohlenhydraten, während die ölhaltigen Samen den Bedarf an Fetten und Proteinen sicherstellen.

Glanz, auch Kanariensaat oder Spitzsaat genannt, wird am liebsten genommen. Nur Arten wie Stieglitz und Grünling halten nicht viel davon.

Hirse beachten die heimischen Finken kaum. Ausnahmen machen Buch- und Bergfink sowie die Kreuzschnäbel, doch bildet Hirse nur einen sehr kleinen Anteil ihrer Nahrung. Viel lieber nimmt der Haussperling sie auf.

Hafer spielt eine größere Rolle als Hirse, vor allem in halbreifem Zustand. Dann sind nicht nur die Sperlinge in den Haferfeldern anzutreffen, sondern auch Grünling, Gimpel, Buchfink und Hänfling. Sogar der Kernbeißer und der Fichtenkreuzschnabel sollen ihn nicht verschmähen. Das gleiche gilt für die anderen Getreidearten, wenn auch mit Abstrichen.

Es folgen einige Baumsamen, die sehr unterschiedliche Nahrungsbestandteile haben. Sie sind für einige unserer Finkenvögel aber von lebenswichtiger Bedeutung.

Fichtensamen ist nicht nur beim Fichtenkreuzschnabel und seinen nächsten Verwandten sehr beliebt, sondern auch beim Zeisig und Stieglitz sowie bei Gimpel, Buch- und Bergfink.

Kiefern-, Tannen- und Lärchensamen sind ebenfalls Hauptnahrung der Kreuzschnäbel. Sie werden aber auch von Gimpel, Buch- und Bergfink, von Zeisig, Stieglitz und vom Kernbeißer genommen.

Erlensamen gehören für Birkenzeisig, Erlenzeisig und Stieglitz vom Herbst bis zum Frühjahr zur Hauptnahrung. Auch die anderen Finkenvögel nehmen sie gern. Das gilt auch für Birkensamen.

Bucheckern sind für Kernbeißer sowie für Buch- und Bergfink eine hervorragende Nahrung. Auch Gimpel und Fichtenkreuzschnabel nehmen die Samen, besonders die kleineren der Hainbuche, einer Birkenverwandten.

Auch die Samen von Eschen, Platanen und Ahorn können zur Abwechslung und Bereicherung des Futterplanes gegeben werden.

Es folgen Samen der verschiedensten Wildkräuter. Manche spielen eine wichtige Rolle bei der Ernährung unserer heimischen Finken. Oft sind sie unentbehrlich für die erfolgreiche Aufzucht der Jungen.

Löwenzahn, und zwar die Samenköpfe kurz bevor sie sich zu den bekannten »Pusteblumen« öffnen, sind ein heißbegehrtes Futter für alle unsere Waldvögel. Die Flughaare liegen dann noch eng zusammen in eine Richtung und kön-

Birkensamen, hier noch ganz unreife, sind bevorzugte Nahrung des Birkenzeisigs. Er weiß die Füße zum Festhalten der Fruchtstände bestens zu gebrauchen.

nen mit einem Scherenschnitt entfernt werden. Das gilt auch für die Gänsedistel, die ebenfalls sehr beliebt ist.

Vogelmiere enthält nicht nur kleine runde Samen in allen Reifegraden, sondern bietet allen Gefiederten ein hervorragendes Grünfutter.

Hirtentäschelkraut gehört ebenfalls zu den Wildkräutern, dessen Samen fast alle Finken mögen, ganz besonders der Girlitz.

Distelsamen der verschiedenen Arten sind vor allem beim Stieglitz und Zeisig begehrt. Auch die Klettensamen gehören dazu.

Nachtkerzensamen gehören für sehr viele der Waldvögel zu den beliebtesten unserer Wildkräuter.

Vogelknöterich und die anderen Knötericharten haben kleine Samen, die von fast allen Finkenvögeln gemocht werden.

Sauerampfer hat kleine rötlichbraune Samen von dreieckiger Form. Der Hänfling und der Birkenzeisig, aber auch Gimpel, Girlitz, Buchfink und sogar der Kernbeißer mögen sie.

Die Samen von **Beifuß, Melde und Gänsefuß** bilden im Herbst und Winter eine willkommene Abwechslung für fast alle heimischen Körnerfresser. Besonders gern mögen Hänfling, Grünling, Gimpel, Buchfink und die Sperlinge diese kleinen Samenkörner.

Im Frühling und Frühsommer sind die Samen von **Kreuzkraut, Stiefmütterchen** und **Vergißmeinnicht** bei Grünlingen, Girlitzen, Hänflingen, Gimpeln und Stieglitzen geschätzt.

Die Samen der verschiedenen **Gräser** und der **Wegericharten** sind vom Frühsommer bis in den Winter hinein zu finden und werden zeitweise von den meisten Finkenvögeln genommen, wenn auch nur als Beikost. Allerdings sind Gimpel, Girlitz, Buchfink, Hänfling und Grünling zeitweise stärker an Grassamen interessiert, vor allem wenn diese halbreif oder gekeimt sind.

Es gibt noch eine große Menge weiterer Wildkräuter, die bei der Ernährung unserer heimischen Körnerfresser eine Rolle spielen können, und wenn sie nur zur Abwechslung dienen.

Ausführlicher darüber berichtet K. Sabel in seinem Buch »Naturgemäße Finkenzucht«.

Der Hänfling liebt die Samen der Feldkräuter.

Keimfutter

Ein Teil des Körnerfutters sollte den Vögeln in gekeimtem Zustand angeboten werden. Die Körner sind dann vitaminreicher, die Nährstoffe besser aufgeschlossen. Keimfutter ersetzt zum Teil die frischreifen und halbreifen Sämereien, von denen Sie ja nur in den seltensten Fällen genügend werden beschaffen können.

Keimfutter kann auf sehr verschiedene Weise hergestellt werden. Bei manchen Methoden ist allerdings die Gefahr groß, daß die angefeuchteten Sämereien faulen oder gärig werden.

Seit vielen Jahren bereite ich das Keimfutter auf eine einfache Weise zu, die stets funktioniert und einwandfreies Futter erbracht hat. Ich möchte sie hier kurz schildern: Die benötigte Menge trockenes Körnerfutter schütte ich in ein Plastiksieb, das in einer passend großen Plastikschüssel hängt, gebe kaltes Wasser darauf, so daß alle Samen eingetaucht sind. Nach 12 Stunden spüle ich das Futter im Sieb unter fließendem Wasser durch und fülle frisches Wasser auf. Weitere 12 Stunden später wird das Futter wieder durchgespült, anschließend das Sieb nicht mehr in Wasser gehängt, sondern in die leere Schüssel. Jetzt tropft das Wasser, das sich zwischen den Körnern befindet, langsam ab. Sind wieder 12 Stunden vergangen, wird das Futter nicht mehr durchgespült, sondern im Sieb auf ein mehrfach gefaltetes Frotteetuch gegeben, damit das überschüssige Wasser aufgesaugt wird. Nun hänge ich das Sieb in einen Durchschlag, nachdem ich das Futter gut im Sieb umgerührt habe. Es erhält durch die Löcher im Durchschlag und von oben (nicht zudecken!) genügend Sauerstoff. Dadurch bleibt es frisch und säuert oder fault nicht. Oberflächlich trocknet das Keimgut zwar etwas ab, doch sind die Körner innen saftig und aufgeschlossen. Nach insgesamt 48 Stunden ist das Keimfutter fertig und kann ohne weiteres Durchspülen verfüttert werden

Die Körner dürfen nicht so feucht sein, daß sie aneinander kleben, sondern sie sollen so weit abgetrocknet sein, daß sie sich schütten lassen. Bei normaler Zimmertemperatur werden die Samenkörner jetzt weiße Spitzen, also die Keime zeigen. Diese sollen nur 1 bis 2 mm gewachsen sein, so ist das Keimfutter am wertvollsten. Manche Sämereien keimen langsamer. Dann kann entweder ein Tag zugegeben werden, oder das Keimgut wird an einen wärmeren Platz gestellt.

Um täglich Keimfutter für die Vögel zu haben, brauchen Sie 2 bis 3 Siebe und

Im Vorfrühling sucht der Grünling nach zarten Trieben, keimenden Samen und Knospen. Auch die Futterhäuschen besucht er dann noch regelmäßig.

Schüsseln. Wählen Sie die Siebe reichlich groß, denn es ist besser, wenn darin nur der Boden bedeckt ist, als wenn das Futter wie ein dicker Klumpen darin liegt. Das Futter braucht Luft, sonst fault es. Das gilt auch für das Verfüttern des Keimgutes. Reichen Sie es den Vögeln in ganz flachen Schalen. Die handelsüblichen Näpfe haben für Keimfutter einen zu hohen Rand. Ich nehme Weckglasdeckel aus Glas oder ganz flache Beisatzschalen aus Plastik, die es zum Servieren von Aufschnitt oder ähnlichem gibt.

Grünfutter, Obst und Beeren

Alle in diesem Buch behandelten Vogelarten nehmen in irgendeiner Form Grünfutter an. Meistens geschieht dies schon, wenn die verschiedenen Wildpflanzen ihrer Samen wegen in die Käfige der Volieren gegeben werden. Von vielen wird auch das Grüne angenommen, so von Vogelmiere, Löwenzahl und vielen anderen. Bei gekauftem Salat, Endivien und Spinat müssen Sie vor dem Verfüttern alles gründlich waschen, damit keine durch »Spritzen« anhaftenden Schadstoffe von den Vögeln aufgenommen werden. Das gilt natürlich auch für draußen gesammeltes Grünfutter.

Steht zeitweise kein Grünfutter zur Verfügung, kann süßes Obst als Ersatz gegeben werden; manche Vögel mögen Obst ohnehin lieber. Äpfel, Birnen, Bananen stehen an erster Stelle in der Beliebtheit. Es werden aber auch andere Obstarten genommen, ferner Rosinen und Feigen, die ungeschwefelt sein sollten und eingeweicht und kleingeschnitten werden.

Auch sehr viele Beeren sind bei unseren einheimischen Vögeln beliebt. Von den wildwachsenden Hagebutten der Heckenrosen und denen der Zuchtrosen,

sowie von Vogel (Ebereschen)-, Weißdorn-, Mehl-, Holunder-, Feuerdorn-, Brom-, Wacholder-, Schwarzdorn (Schlehen)-, Mispel-, Schnee- und Ligusterbeeren reicht das Angebot bis zu den gezüchteten Erdbeeren, Himbeeren und Weintrauben. Auch Beeren wie die von Sanddorn, Berberitze und manchen anderen Ziersträuchern werden manchmal genommen. Es dürfte also vom Frühsommer bis zum Frost im Winter immer etwas an Beeren zu finden sein. Manche können auch getrocknet oder tiefgefroren werden, damit sie länger reichen, als nur für die kurze Zeit, da sie draußen im Überfluß vorhanden sind.
Geradezu versessen sind die meisten der hier behandelten Vögel auf Knospen von Obstbäumen, Weiden, Pappeln und anderen Laubbäumen. Und an den Knospen der Nadelbäume sind nicht nur die Kreuzschnäbel interessiert. Nun können Knospen nicht nur im Frühjahr gegeben werden, sondern auch im Winter. Es brauchen nur ein paar Zweige in einem warmen Raum ins Wasser gestellt zu werden.
Alles Grünfutter, Obst, Beeren und die Knospen sind besonders reich an Vitaminen, Mineralstoffen und Spurenelementen. Sie enthalten auch andere Wirkstoffe, die gesundheitsfördernd sind. Sie sollten Ihren heimischen Vögeln so viel wie möglich davon geben!

Girlitz-Pärchen haben sich zunehmend in unseren Gärten eingefunden, um in Obstbäumen, im Flieder und anderen Bäumen und Büschen zu brüten.

Die Mönchsgrasmücke, hier das Weibchen, füttert ihre Jungen überwiegend mit Raupen.

Tierische Nahrung

Fast alle der in diesem Buch beschriebenen Vögel nehmen mehr oder weniger tierische Nahrung zu sich. Manche von ihnen füttern ihre Nestlinge überwiegend oder ausschließlich mit Insekten und deren Larven, mit Spinnen, Schnekken, Würmern und anderem kleinen Getier. In den »Steckbriefen« steht näheres über die tierische Nahrung der einzelnen Arten. Meistens können wir den Vögeln nicht das Lebendfutter bieten, das sie in der Natur aufnehmen, sondern nur Ersatz. Darum sollte ihnen ein so vielseitiges Angebot an tierischer Nahrung gemacht werden wie nur möglich.

Das bekannteste Lebendfutter sind die Larven des Mehlkäfers, allgemein als »Mehlwürmer« bekannt. Sie sind am leichtesten zu beschaffen, aufzubewahren und zu verfüttern. Es sollten allerdings nicht zu viele der ausgewachsenen, harthäutigen Mehlwürmer gefüttert werden, sondern vor allem frisch gehäutete, die dann weißlich und weich sind, und ganz kleine. Wer diese stets in genügender Menge zur Verfügung haben möchte, wird nicht um eine eigene Mehlwurmzucht herumkommen.

Kleiner, aber wertvoller sind die Larven des Getreideschimmelkäfers. Sie sind bei fast allen Vogelarten sehr geschätzt. Ihre Zucht ist ergiebig und leicht. Zuchtansätze werden in den Fachzeitschriften für Vogelzüchter stets angeboten.

Ebenso ist es mit Heimchen, Grillen und Heuschrecken. Diese Tiere können in verschiedener Größe von Züchtern gekauft werden. Sie können aber auch selbst gezüchtet werden, was nicht sehr schwer ist. Viele wertvolle Tips zur Zucht von Lebendfutter können aus dem Buch »Futtertierzucht« von Friederich/Volland (s. Literaturverzeichnis) gewonnen werden.

In Anglergeschäften gibt es Fliegenmaden, die von manchen Vögeln gern genommen werden. Einige nehmen allerdings nur die kleineren sogenannten »Pinkys«. Damit die Maden sich nicht verpuppen, und die Fliegen schlüpfen, bewahrt man die Fliegenmaden am besten im Kühlschrank auf.

Als weiteres Lebendfutter, vor allem für die Drosseln und den Star, sind verschiedene Würmerarten in Anglergeschäften zu bekommen. Besonders die kleineren Mist- oder Rotwürmer werden von den Vögeln gern genommen. Im eigenen Komposthaufen lassen sie sich finden und in großen Kisten auch züchten.

Wer gute Beziehungen zu einem Imker hat, kann sich eine Wachsmottenzucht anlegen. Es gibt zwei Arten davon, große und kleine, die beide in Bienenstöcken als Schädlinge auftreten. Sie lassen sich von wenigen Motten zu tausenden züchten. Als Nahrung brauchen sie Bienenwachs, und zwar alte Brutwaben. Die Wachsmottenlarven sind ein hervorragendes, allerdings auch fettes Lebendfutter.

Enchyträen sind kleine weißliche Würmer, die von vielen Vögeln äußerst gern genommen werden. Aber sie sind recht fetthaltig und darum sparsam zu verabreichen. Zuchtansätze gibt es über den Fachhandel.

Nun sollen noch Futtertiere erwähnt werden, die zu den wertvollsten für unsere einheimischen Singvögel zählen,

Die Bachstelze ist zum Kulturfolger geworden. Sie baut ihr Nest gern in Schuppen und Wagenremisen. Dort sind die Jungen durch Katzen und Raubwild sehr gefährdet. Darum sollten wir an sicheren Plätzen Halbhöhlenkästen für sie aufhängen.

aber auch am schwierigsten zu beschaffen sind. Dazu gehören die Puppen der Rasenameisen (die der Roten Waldameise dürfen nicht gesammelt werden, da sie unter Naturschutz steht). In warmen, trockenen Sommern können beachtliche Mengen »geerntet« werden. Sie lebend zu verfüttern, ist am wertvollsten. Sie können aber auch tiefgefroren oder getrocknet werden. Dann müssen sie vor dem Verfüttern gut aufgetaut bzw. angefeuchtet werden.
Blattläuse finden sich manchmal in großen Mengen. Sie sollten mitsamt Zweig, Blatt oder Staude den Vögeln vorgelegt werden, die sich darauf mit großer Begierde stürzen. Wo alles andere Lebendfutter verschmäht wird, können Blattläuse die Rettung der Jungen bedeuten.
Schließlich sei noch »Wiesenplankton« erwähnt, das sind allerlei kleine Insekten, Raupen, Spinnen, Nacktschnecken, die erbeutet werden, wenn mit einem Gazekescher Gräser und Büsche abgestreift werden. Da auch Fluginsekten darunter sind, wird zum Fangen ein Plastikbeutel oder ein verschließbares Glas mitgenommen. Beim Verfüttern sollte der Inhalt nicht einfach in den Käfig oder die Voliere geschüttet werden, weil

viele der gefangenen Tierchen schnell wegkrabbeln oder wegfliegen würden. Werden sie aber in einem Behälter gegeben, aus dem sie durch eine kleine Öffnung nach und nach herauskrabbeln können, warten die Vögel schon auf sie und können sie leicht fangen. Bei dieser Verfahrensweise haben die Vögel viel mit dem Sammeln von Futtertieren zu tun, was der artgerechten Pflege sehr entspricht.
Bei noch so großer Auswahl an Lebendfutter wird es immer wieder vorkommen, daß gelegentlich keines zur Verfügung steht oder es sehr knapp geworden ist. Es ist ja immer ein großer Zeitaufwand damit verbunden, Futtertiere zu sammeln, oder es klappt einmal nicht mit der Zucht oder Lieferung von Futtertieren. Darum sind Ersatzfuttersorten bereitzuhalten und die Vögel an diese zu gewöhnen. Mit ihnen können die Rationen des Lebendfutters auch gut gestreckt werden.
Als wichtigstes Ersatzfutter können die verschiedenen Weichfuttersorten bezeichnet werden. Sie bestehen aus mehr oder weniger getrockneten Insekten und aus Zusätzen wie Eibiskuit, gemahlenen Nüssen und anderem. Auch die sogenannten Aufzuchtfuttersorten sind gut zu verwenden. Sie sind eiweißreich und haben vielerlei wertvolle Bestandteile.
Hartgekochtes Ei (mindestens 12 Minuten kochen) kann in kleinen Mengen durchaus einen sehr guten Ersatz für Lebendfutter bilden. Es wird am liebsten genommen, wenn es mit einem Weich- oder Aufzuchtfutter und mit Mohn vermischt in flockiger Form gereicht wird.
Schließlich sollen noch gekochtes Rinderherz, gerieben oder zerschnitten und rohes mageres Rindfleisch genannt werden. Diese Futtersorten sind hauptsächlich für die Drosseln und die anderen Weichfresser.

Vitamine, Mineralstoffe, Spurenelemente

Werden die Pfleglinge ausgewogen mit frischen Futtermitteln versorgt, erübrigt sich meistens eine Zufütterung von Vitaminen.
Es gibt aber Zeiten, da sollten den Vögeln über das Trinkwasser oder Futter auch Vitamine verabreicht werden, z. B. im Winter, während der Brut, der Mauser oder bei Krankheiten.
Es genügen meistens sehr geringe Mengen eines Multi-Vitamin-Präparats. Überdosierungen sind zu vermeiden, vor allem die der Vitamine A und D. Richten Sie sich also nach den Angaben des Herstellers.
Mineralstoffe und Spurenelemente sind in Form von Kalkpräparaten, Vogelgrit, Kalk- oder Taubensteinen, Sepiaschale und zerstoßenen Schalen gekochter Hühnereier stets reichlich zur Verfügung zu stellen. Es reicht nicht aus, wenn diese Vitalstoffe vor und während der Mauser gegeben werden, dann, wenn sie von den Vögeln am dringendsten gebraucht werden. Der Organismus der Vögel verlangt diese zu allen Zeiten des Jahres.
Kleine Steinchen, wie sie im Grit vorhanden sind, tragen dazu bei, im Muskelmagen das Körnerfutter zu zerkleinern.

Vor allem Birkenzeisige sind in letzter Zeit sehr zahlreich gezüchtet worden. Sie fühlen sich in einer Gartenvoliere sehr wohl.

Trinkwasser

Trinkwasser ist täglich frisch zu reichen. Es sollte allerdings nicht frisch aus der Leitung gegeben werden, denn dann ist es sehr chlorhaltig und damit ungesund. Lassen Sie es besser 12 Stunden lang abstehen, oder nehmen Sie abgekochtes Wasser.
Wie die meisten anderen Vögel auch, baden die einheimischen Singvögel leidenschaftlich gern. Sie verschmutzen dann leicht das Wasser. Da sie vor dem Bad stets einen Schluck trinken, ist für sauberes Badewasser zu sorgen. Erneuern Sie es täglich, bei großer Wärme im Sommer am besten mehrmals.

Pflege

Die Vogelpflege besteht einerseits aus vielen, zum Teil schwierigen und mühseligen Arbeiten, andererseits aus Geduld und stets wachem Beobachten, um den vielfältigen Bedürfnissen der Pfleglinge gerecht zu werden. Es ist nicht damit abgetan, den Vögeln täglich frisches Wasser und Futter zu geben und ihre Unterkünfte sauber zu halten. Wenn diese Grundbedürfnisse befriedigt sind, fängt die Vogelpflege eigentlich erst richtig an: Den Vögeln eine so artgerechte Umwelt und so günstige Bedingungen in Käfig und Voliere zu schaffen, daß sie ihre Verhaltensweisen so natürlich wie möglich ausleben kön-

nen. Wenn die Pfleglinge sich rundum wohl fühlen, stimmt es mit der Pflege.
Damit die täglichen und wöchentlichen Arbeiten nicht vergessen werden, sollten Sie sich an bestimmte Zeiten halten und auch die Arbeiten in einer gewohnten Reihenfolge durchführen. Daran gewöhnen sich die Vögel schnell und nehmen die unvermeidlichen Störungen gelassener hin, als wenn sie an jedem Tag zu einer anderen Zeit aufgeschreckt werden. Am besten hat sich bewährt, wenn morgens zu einer bestimmten Zeit gefüttert wird. Das vielleicht wöchentliche Reinigen von Käfigen und Volieren geschieht ebenfalls am besten vormittags. Dann haben die Vögel noch lange Stunden, um wieder zu ihrem normalen Tagesablauf zu finden.
Wenn Vögel in Brutstimmung sind, Nester bauen, brüten oder Junge aufziehen, ist äußerste Vorsicht geboten. Beschränken Sie alle Tätigkeiten an und im Käfig bzw. in der Voliere auf das notwendige Mindestmaß. Selbst bei Paaren, von denen Sie wissen, daß sie Störungen nicht übelnehmen, können Sie plötzlich große Empfindlichkeit erleben. Denken Sie daran, wenn Ihre Neugierde Sie plagt: Die meisten Mißerfolge bei der Aufzucht sind dem Fehlverhalten des Pflegers zuzuschreiben.
Bei der Vogelpflege gibt es keinen Ruhetag. Die Vögel müssen jeden Tag versorgt werden, auch sonn- und feiertags sowie im Urlaub. Für die einheimischen Vögel kommt in besonderem Maße das Sammeln von Futterpflanzen und Lebendfutter hinzu. Wenn Sie da mit ihrer Vogelliebhaberei auf sich allein gestellt sind, kann es leicht zuviel werden. Schön ist, wenn die ganze Familie an der Vogelpflege Freude hat. Dann liegt die Last auf mehreren Schultern – und die Vögel werden gedeihen – zum Stolz und Glück ihrer Pfleger.

Krankheiten

Trotz sorgfältigster Pflege wird es immer wieder vorkommen, daß einer der Vögel krank wird. Mit der Zeit und einiger Erfahrung lernen Sie es als Vogelpfleger, zu erkennen, was dem Kranken fehlt und wie man ihm helfen kann. Dieses Helfenkönnen beschränkt sich meistens nur auf einige sehr typische Krankheiten sowie auf leichtere Unpäßlichkeiten und äußere Erkrankungen. Zu solchen Krankheiten hier einige Ratschläge. Handelt es sich um schwerere Erkrankungen und um solche, deren Ursache Sie nicht erkennen, dann ziehen Sie möglichst früh einen Tierarzt zu Rate, der sich mit Vogelkrankheiten gut auskennt. Es kann auch nichts schaden, wenn Sie eins der Bücher über Vogelkrankheiten (s. Literaturverzeichnis) besitzen und sich darin informieren. So haben Sie bessere Chancen, die Krankheiten schon im Frühstadium zu erkennen und zu behandeln. Sie können dann auch häufig schon vorbeugen. Es heißt doch so treffend: »Das Auge des Pflegers ist der beste Doktor!«
Augenentzündungen entstehen meistens durch Zugluft, durch Rauchen im Zimmer oder Vogelhaus oder durch unsaubere Haltung (verdreckte Sitzgelegenheiten usw.). Die Vögel haben dann verklebte Augen mit angeschwollenen Bindehäuten. Sie versuchen sich Linderung zu schaffen, indem sie das Auge auf

der Sitzstange reiben. Das verschlimmert den Zustand jedoch weiter, so daß es zu blutenden Wunden kommen kann. In leichten Fällen hilft das Abtupfen der Augen mit Borwasser oder Kamillentee. Sonst hilft nur eine Antibiotika-Augensalbe, die der Tierarzt verschreiben wird.

Darmentzündungen entstehen bei heimischen Körnerfressern recht häufig durch Zugluft, plötzliche Temperaturstürze, verbunden mit Regen und Sturm, ferner durch verdorbenes Futter. Im feuchtwarmen Spätsommer und bei überbesetzten Volieren kann es zu seuchenartigen Darmerkrankungen kommen. Salmonellen oder andere Bakterien können die Ursache sein. Dann ist sofort ein Tierarzt zu rufen, denn nur eine umgehende Behandlung mit einem Antibiotikum oder Sulfonamid kann schwere Verluste an Vögeln verhüten. Bei leichtem, harmlosem Durchfall hilft oft eine höhere Ration Mohn.

Entzündete Füße sind meistens auf verdreckte Sitzstangen und unsauberen Volierenboden zurückzuführen. Verkrustungen sind mit lauwarmem Kamillenbad vorsichtig abzulösen. Die Entzündungen oder Wunden sind in einem kleinen Käfig auszuheilen, in dem weder Sand noch Erde als Bodenbelag sind, sondern Fließpapier. Wenn nötig, kann eine Wundsalbe auf die entzündeten Stellen aufgetragen werden.

Fettleibigkeit ist bei zu engen Käfigen und falscher Ernährung ziemlich häufig. Die Vögel werden träge und brutunlustig. Eier bleiben unbefruchtet und das Legen wird problematisch. Wird nichts unternommen, sterben die fettleibigen Vögel meistens viel früher als schlanke. Wenn Sie nicht schon beim Anblick erkennen, ob ein Vogel zu dick ist, nehmen Sie ihn zur Kontrolle in die Hand. Wenn Sie dann das Bauchgefieder auseinanderpusten, sehen Sie das gelbe Fett durch die Haut des stark gerundeten Bauches schimmern. Es ist nicht einfach, dem Vogel wieder eine schlanke Linie zu verschaffen. Ihn fasten zu lassen, geht höchstens für 2 bis 3 Stunden täglich; und es bringt auch nicht viel. Da hilft nur eine Umstellung des Futters. Er darf nicht mehr so viele ölhaltige Sämereien bekommen, dafür mehr Grünes, ferner Samen, die weniger Fett ansetzen. Dazu gehören Negersaat, Salat-, Nachtkerzen- und Fichtensamen, während Hanf, Rübsen, Lein- und Sesamsaat ausgesprochene »Dickmacher« sind.

Legenot ist die Unfähigkeit eines Vogelweibchens, sein Ei zu legen. Das kommt häufig bei jungen Weibchen vor, aber auch dann, wenn die Temperatur plötzlich stark fällt. Dabei verkrampft sich die Legemuskulatur und ist nicht mehr in der Lage, das Ei auszustoßen. Das Weibchen sitzt aufgeplustert herum, meistens nur noch auf dem Boden. Wird es jetzt nicht entdeckt und behandelt, stirbt es meistens noch am gleichen Tag. Hilfe sieht folgendermaßen aus: Nehmen Sie den Vogel in die Hand und gehen Sie mit ihm in die Wärme. Dazu schalten Sie eine Heizung oder einen Infrarotstrahler ein und halten den Vogel in die Wärme. Massieren Sie mit handwarmem Speiseöl rund um seine Kloake. Oft legt das Weibchen das Ei innerhalb weniger Minuten. Ist das nicht der Fall, können Sie es auch in ein feuchtwarmes Tuch wickeln, so daß nur sein Kopf herausschaut. Behalten Sie es weiterhin in der Hand, oder legen sie es in einen Krankenkäfig, in dem 32 bis 35 °C Wärme und 70 bis 80 % Luftfeuchtigkeit sein sollten.

Stockmauser wird der Zustand bei einem Vogel genannt, wenn die Mauser ins Stocken gerät und er wochen- oder sogar monatelang nicht weitermausert. Die Ursache dafür kann schlechtes Allgemeinbefinden sein, ein chronischer Mangel an Mineralstoffen, Vitaminen oder anderen Vitalstoffen. Aber auch der Mangel an Licht, frischer Luft und Sonnenschein kann für eine Stockmauser verantwortlich sein. Da die Mauser auf die Brutperiode folgt, können auch Vögel in die Stockmauser geraten, die bei der Zucht überfordert wurden. Zuerst gilt es, die Ursachen für die Mauserschwierigkeiten abzustellen. Dann ist darauf zu achten, daß die Vögel Vitamine, Mineralstoffe, Spurenelemente und ein gehaltvolles, aber nicht zu fettes Futter bekommen. Kommen die Vögel in den Genuß von frischer Luft und Sonnenschein, wird die Mauser bald wieder einsetzen und zu einem schönen und gesunden Federkleid führen. Eine Erhöhung der Temperatur um 2 bis 3 °C wirkt oft Wunder. Bei Außenvolieren ist dies zu erreichen, wenn alle Seiten, bis auf die Südseite und ein Teil des Daches, zugebaut werden. Es genügt oft schon, eine Plastikplane oder Rohrmatten am Drahtgeflecht anzubringen.

Übermäßiger Krallen- und Schnabelwuchs ist bei unseren einheimischen Singvögeln selten zu beobachten. Allerdings kann es vorkommen, daß sie im Käfig oder in der Voliere Krallen und Schnabel nicht genügend abnutzen. Wenn Sie sehen, daß die Krallen zu lang sind (die Vögel bleiben dann leicht am Gitter oder dünnen Gezweig hängen), schneiden Sie sie behutsam zurück. Das geht mit einer Nagelzange oder einem Clip recht leicht. Schneiden Sie die Krallen aber nicht zu kurz, da sonst die Blutgefäße und Nervenenden verletzt werden. Die Blutgefäße kann man deutlich als rote oder dunkle Streifen erkennen, wenn man die Kralle gegen ein starkes Licht betrachtet. Schneiden Sie etwa 3 bis 5 mm vor den Blutgefäßenden, dann kann nichts passieren. Quillt doch einmal Blut hervor, brauchen Sie nur für wenige Minuten Eisenchloridwatte draufzuhalten.

Ungeziefer, vor allem die Rote Vogelmilbe, nistet sich bei allen Gefiederten gern ein. Die Vögel leiden sehr darunter, zumal sich die Milben in kurzer Zeit sehr stark vermehren können. Sie saugen nachts das Blut der Vögel, um sich am Tage in Ritzen, Fugen und Nestern zu verstecken. Nestlinge können so stark befallen werden, daß sie an Blutarmut sterben. Durch die Vogelmilbe und anderes Ungeziefer werden auch Krankheiten übertragen. Es ist also wichtig, die Vögel und ihre Unterkünfte davon zu befreien. Das ist heute auch nicht schwierig, da es sehr gute Mittel gibt, die bei richtiger Anwendung weder für die Vögel noch für uns Menschen schädlich sind. Für Innenräume sind Mafu-Strips oder ähnliche Ungeziefermittel sehr geeignet. Die Gase, die sie ausströmen, dringen in alle Fugen und töten sämtliches Ungeziefer ab. Lüften Sie aber gut und lassen Sie die Strips nur 3 bis 5 Tage hängen. Bei Außenvolieren sollten Sie dagegen ein Spray einsetzen, etwa Bac-

Meistens baut die Amsel ihr Nest in dichtes Gebüsch. Hier hat sie es aber direkt auf den Boden gesetzt, ein für Gelege und Junge gefährlicher Standort.

tazol, das für die Vögel völlig harmlos ist. Damit können sogar die Nester besprüht werden, um sie milbenfrei zu bekommen. Machen Sie häufig Kontrollen, ob die Vögel ungezieferfrei sind, denn in Außenvolieren können auch durch andere Vögel leicht wieder Parasiten eingeschleppt werden.

Zucht

Alle einheimischen Vögel, die in diesem Buch beschrieben werden, sind im Frühjahr nach ihrer Geburt zuchtreif. Eine Ausnahme macht dabei vielleicht nur der Star, der manchmal erst mit zwei Jahren zur Brut bereit ist. Die Vögel müssen völlig gesund und von guter Kondition sein. Bevor sie in die Zucht genommen werden, sollten sie gekennzeichnet sein, und zwar mit geschlossenen oder offenen Metallringen, und wenn zum Erkennen erforderlich, zusätzlich mit farbigen Plastikringen. Jeder Vogel muß sofort zu unterscheiden und zu erkennen sein. Es kann sonst passieren, daß Partner eines zuchtbewährten Paares auseinandergerissen und falsch verpaart werden. Auch läßt sich eine kontrollierte Zucht ohne Kennzeichnung und ohne gewissenhafte Eintragungen in ein Zuchtbuch nicht durchführen.
Je nach Vogelart und nach Zuchtmethode wird es verschieden sein, ob die Partner das ganze Jahr zusammenbleiben, oder erst kurz vor Zuchtbeginn im Frühjahr zueinander gelassen werden. Bei den einen wird es besser sein, sie nach der Zuchtperiode zu trennen, bei den anderen nicht.

Die Zuchtpaare sollten so wenig wie möglich gestört werden. Sie gewöhnen sich an das Füttern am besten, wenn es stets zur selben Zeit geschieht. Das Säubern der Käfige und Volieren hat bis auf das notwendige Mindestmaß zu unterbleiben. Am besten werden alle Arbeiten morgens durchgeführt, denn dann können sich die gestörten Weibchen besser beruhigen, und wieder auf ihr Gelege bzw. auf die kleinen Nestlinge zurückkehren. Geschehen Störungen am Spätnachmittag oder Abend, kann es sein, daß nervöse Weibchen nicht wieder das Nest aufsuchen.
Nestkontrollen dürfen nur am Morgen durchgeführt werden, und nur bei Paaren, die diese nicht übelnehmen. Sonst kann leicht die ganze Brut verloren sein. Dies gilt auch für die Beringung. Bestehen auch nur geringste Vermutungen, daß die Eltern ihre Jungen mitsamt den Ringen aus dem Nest befördern oder sie verletzen könnten, ist die Beringung erst nach dem Ausfliegen vorzunehmen (s. Seite 22–23).
An Nistgelegenheiten und Nistmaterial ist eine reiche Auswahl zu bieten. Selbst Vögel der gleichen Art sind unterschiedlich in ihren Ansprüchen und bevorzugen verschiedene Nistplätze und Niststoffe. In einem Käfig sollten Sie das

Nistkörbchen als Nestunterlage aus Drahtgeflecht, aus unglasiertem Ton oder aus Peddigrohr nehmen die Vögel gerne an, wenn sie im Gebüsch oder Gezweig gut versteckt angebracht werden.

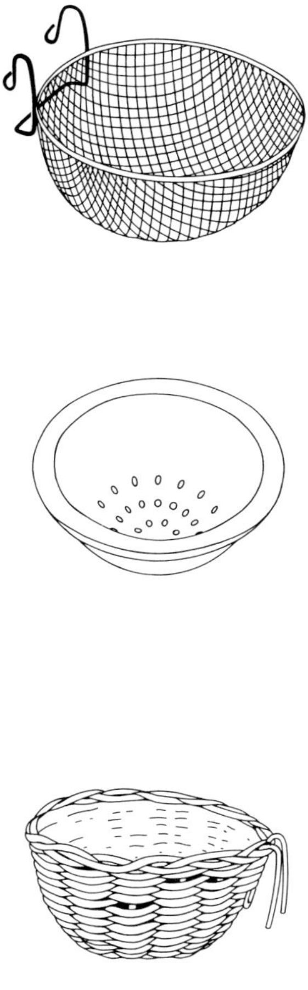

Nistmaterial in eine Klammer oder einen Behälter geben, damit die Vögel es herauszurren müssen. In einer Voliere kann ein Teil davon über den gesamten Boden verstreut werden, damit die Vögel es zusammensuchen müssen. Die Arbeit des Nestbaus fördert den Brutbetrieb ganz entscheidend und ist oftmals für den Zuchterfolg entscheidend. Was die einzelnen Arten an Nistmaterial brauchen, ist in deren »Steckbriefen« angegeben. Halten Sie die Auswahl an Niststoffen jedoch stets so groß wie möglich. Das meiste davon finden Sie in der Natur, wo es das ganze Jahr über gesammelt werden kann.

Die Brutvögel sollten Sie schon einige Tage vor dem Schlupftag der Jungen an das Weich- und Lebendfutter gewöhnen. Mit dem Heranwachsen der Nestlinge sind dann ständig größere Mengen erforderlich. Decken Sie sich also mit Vorräten dieser Futterstoffe ein, denn von ihrem Vorhandensein hängt oft der Zuchterfolg ab. Nach dem Ausfliegen sind die Jungvögel so lange bei den Eltern zu lassen, bis sie vollkommen selbständig sind. Oft werden sie noch 2 bis 3 Wochen nach dem Verlassen des Nestes gelegentlich von den Eltern, meistens vom Vater, gefüttert. Es kommt aber auch vor, daß die Eltern die Jungen schon früher zu jagen beginnen, da sie schon eine weitere Brut begonnen haben. Hier ist gutes Beobachten erforderlich, bevor die Jungen abgesetzt werden, denn manchmal wechselt das Jagen mit Füttern durch die Eltern ab. Oft hilft in solchen Fällen, die Jungen durch ein Trenngitter abzusondern, so daß sie nicht gejagt, durch das Gitter jedoch gefüttert werden können.

Einheimische Vogelarten

Im nachfolgenden Teil des Buches sollen 17 einheimische Singvogelarten vorgestellt werden. Es sind vor allem die bekanntesten und am leichtesten zu züchtenden Finkenarten. Sie sind bei uns in der Natur noch am häufigsten anzutreffen, so daß deren Haltung keinerlei Gefährdung der wildlebenden Populationen bedeutet. Ebenso verhält es sich mit der Heckenbraunelle, der Singdrossel und dem Rotkehlchen. Alle drei Arten haben als Kulturfolger in Menschennähe gute Lebensbedingungen gefunden, so daß auch ihre Haltung ohne weiteres vertretbar ist. Schließlich habe ich Haussperling, Amsel und Star noch hinzugenommen, weil alle drei Arten sehr interessante Pfleglinge darstellen. Sie gehören wegen ihrer Häufigkeit sogar zu den ungeschützten Arten.
Mit diesen 17 Vogelarten haben die Züchter sehr verschiedene Aufgaben zu bewältigen. Es sind Körnerfresser mit unterschiedlichen Nahrungsansprüchen, Weichfresser, die kleinstes Lebendfutter benötigen und andere, die von größeren Futtertieren leben. Auch die Zuchtbedingungen sind bei diesen Arten sehr verschieden. So können die Züchter einheimischer Vögel mit diesen Arten all ihr Können aufbringen und trainieren. Viele andere einheimische Vögel können mit dem Erfahrungsschatz, der aus der Zucht der hier vorgestellten Arten gewonnen wird, ebenfalls erfolgreich nachgezüchtet werden. Damit kann gewährleistet werden, daß viele erfahrene Vogelzüchter zur Verfügung stehen, wenn es gelten sollte, bedrohte Arten zu retten – als Artenschutz durch Zucht.
Die Beschreibungen der Vogelarten habe ich kurzgehalten, da diese allgemein gut bekannt sind und es eine Reihe sehr guter Bestimmungsbücher (s. Literaturverzeichnis) gibt. Auch geben die Farbfotos sehr gut die Merkmale der einzelnen Arten wieder.
Mit den wissenschaftlichen Namen habe ich mich nach der systematischen Liste »Die Vogelarten der Erde« von Herrn Dr. Hans E. Wolters gerichtet.

Haussperling
(Passer domesticus)
auch Spatz genannt
Engl.: House Sparrow

Kennzeichen: Länge 14 bis 15 cm, Flügellänge 72 bis 76 mm, Gewicht 27 bis 30 g. Männchen und Weibchen unterschiedlich gefärbt. Jungvögel graubraun, oberseits kräftig dunkel längsgestreift. Nestlinge rosignackt, mit rötlichgelbem Sperr-Rachen und gelblichweißen Schnabelrandwülsten.
Lautäußerungen: Schilplaute, beim Gesang eine Folge davon. Zetert bei Erregung »tettetet« und warnt mit hartem »terrr«, auch verschiedene weiche Laute.
Verbreitung und Lebensweise: Europa, Nord- und Nordostafrika, Asien bis Sri Lanka, Burma und Manschurei, inzwischen fast auf der ganzen Welt eingebürgert.
Der eigentliche Haussperling mit seinen Rassen und auch der Italiensperling (*P. d. italiae*, mit braunem Oberkopf und ausgedehnterem schwarzen Brustlatz) sind fast nur in der Nähe menschlicher Ansiedlungen anzutreffen, sogar in Großstädten. Er brütet meistens an und

Ein Haussperling-Pärchen. Links das Männchen in seinem sehr interessant gefärbten Gefieder.

in Gebäuden, auch in Nistkästen und Baumhöhlen. Der Weidensperling (*P. d. hispaniolensis*, *P. d. transcaspicus* und weiterer Rassen aus dem Mittelmeerraum, Kleinasien und Transkaspien, ebenfalls brauner Scheitel, das Schwarz auf den Rücken und die Flanken ausgedehnt) lebt dagegen lieber in Gebüsch und lichtem Wald. Er brütet in der Regel auf Bäumen, in verlassenen Nestern anderer Vögel und im Unterbau von Greifvogelhorsten und Storchennestern.

Der Haussperling lebt gesellig und ist darum meistens in kleinen Flügen anzutreffen. Auch die selbständigen Jungvögel bilden Schwärme, die im Laufe des Sommers immer größer werden. Dann zieht es die Sperlinge in die ortsnahen Felder, wo sie vor allem den milchigreifen Hafer heimsuchen, aber auch das andere Getreide. Von dieser Zeit an bilden die Haussperlinge Schlafgemeinschaften in dichten Bäumen, im Rankgewächs der Häuserwände oder an geschützten Plätzen unter Dächern und Giebeln. Sie nehmen oft gemeinsam Sandbäder. Haussperlinge sind Standvögel. Sie bleiben der näheren Umgebung ihrer Brutheimat treu. Jungvögel wandern meistens nur bis zu 40 km weit

Dieses junge Haussperlings-Männchen ist in einer Gartenvoliere geschlüpft.

von ihrem Brutort fort, in Ausnahmefällen auch mehrere hundert Kilometer weit.

Fortpflanzung: Der Haussperling beginnt mit seinem Brutgeschäft schon sehr zeitig im Jahr. Oft schon im März können wir beobachten, wie mehrere Männchen mit aufgeplustertem Gefieder, hochgestelltem Schwanz und hängenden Flügeln ein Weibchen umbalzen. Dies geschieht auf dem Boden unter lautstarkem Schilpen. Dabei kommt es häufig auch zu Kämpfen zwischen den Männchen, wobei sie manchmal ein regelrechtes Knäuel bilden. Die Paarung findet meistens auf einem Zweig statt. Das Weibchen fordert in geduckter Haltung und mit zitternden Flügeln zur Begattung auf. Diese findet dann mehrere Male kurz hintereinander am gleichen Platz statt.

Das Nest wird von beiden Partnern aus Stroh, Heu, Gräsern, Bindfäden, Papierschnitzeln, Haare, Wolle und Federn gebaut. Außer unter Dächern und in Mauerlöchern wird als Nistplatz jeder nur mögliche Winkel ausprobiert. Oft werden Mehlschwalbennester oder der Unterbau von Storchennestern erkoren, manchmal auch ein Kugelnest im wilden Wein oder Efeu an einer Hauswand gebaut. Das Gelege besteht meistens aus 4 bis 6 Eiern, die bläulichweiß oder blaßgrün sind und eine Anzahl dunkle Flecke haben. Beide Eltern wechseln sich beim Brüten ab. Nach 11 bis 14 Tagen schlüpfen die Jungen. Sie werden ebenfalls von beiden Eltern versorgt. Die Nahrung für die Nestlinge besteht fast ausschließlich aus Insekten, deren Larven, Spinnen und kleinen Nacktschnekken. Sehr gern werden Kartoffelkäfer und deren Larven verfüttert. Die Jungen gedeihen bei der tierischen Nahrung prächtig und verlassen schon mit 13 bis 14 Tagen das Nest. Sie sind dann allerdings häufig noch nicht flugfähig und werden leichte Beute für Katzen, zumal sie ihr Versteck durch lautes Schilpen verraten. Auch durch den Straßenverkehr und viele andere Gefahren werden zahlreiche Jungvögel getötet. Da die Eltern aber 3 bis 4 Bruten pro Jahr machen, werden diese Verluste immer wieder ausgeglichen.

Haltung: Als Altvögel gefangene Haussperlinge bleiben meistens ihr Leben lang recht scheu. Jungvögel, die kurz nach dem Selbständigwerden in die Obhut des Menschen kommen, gewöhnen sich sehr schnell an einen großen Käfig oder an eine Voliere. Solche Spatzen, die vom Menschen aufgepäppelt wurden, werden völlig zahm, sehr anhänglich und bereiten viel Freude. Eine Anzahl begeisterter Berichte über solche zahmen Sperlinge sind in den Fachzeitschriften zu finden. So haben manche dieser Vögel nicht nur Freiflug in der Wohnung, sondern auch in den Garten hinaus, ohne daß sie verwildern und wegfliegen.

In Käfig und Voliere zeigt sich der Haussperling lebhaft, interessant und friedlich. Nur zur Brutzeit kann er streitsüchtig werden. Dann sollte ein Pärchen auch für sich untergebracht werden.

Zucht: Diese ist gar nicht so einfach, doch in einer größeren Voliere schon öfter gelungen. Meistens wird von dem Brutpaar ein Nistkasten angenommen. Es sind aber auch schon schöne kugelige Nester mit seitlichem Einschlupf in dichtes Gebüsch gebaut worden. Die Brutdauer beträgt wie in der Natur meistens 12 bis 14 Tage, doch bleiben die Nestlinge oft 16 bis 17 Tage lang im Nest. Ihre Entwicklung scheint sich bei dem Ersatzfutter nicht ganz so schnell zu vollziehen. Oder fühlen sich die Vögel in der Voliere sicherer?

Ernährung: An Sämereien nimmt der Haussperling ziemlich alles, auch gekeimt, was wir ihm bieten. Exotenmischfutter, Waldvogelmischfutter, Getreide, Wildkrautsämereien, Grassamen sind bei ihm beliebt. Wildkräuter mit Samen in halbreifem Zustand, vor allem in »Milch« stehender Hafer, werden allen anderen Sämereien vorgezogen. Sie werden auch an die Jungen verfüttert, wenn diese wenigstens 7 bis 10 Tage alt sind. Auch Grünes wie Vogelmiere, Salat und von anderen Wildpflanzen wird gern genommen. Zur Aufzucht der Jungen sollten auch Weich- und Eifutter, in Milch eingeweichtes altbackenes Weißbrot, kleine Mehlwürmer, Ameisenpuppen, Getreideschimmelkäfer-Larven, Fliegenmaden und andere kleine Insekten gereicht werden.

Besonderes: In einigen Ländern, vor allem in England und Belgien, werden Haussperlinge nicht nur regelmäßig gezüchtet, sondern auch in verschiedenen Farbmutationen. Neben Albinos, die auch bei uns schon gezüchtet werden und auch in der Natur anzutreffen sind, werden dort auch braune und achatfarbene Vögel vermehrt.

Bergfink
(Fringilla montifringilla)
auch Quäker, Tannenfink, Behemmer und Böhemlein genannt
Engl.: Brambling

Kennzeichen: Länge 15 cm, Flügellänge beim Männchen 90 bis 98 mm, beim Weibchen 85 bis 93 mm, Gewicht 17 bis 31 g. Männchen und Weibchen unterschiedlich. Männchen dem Weibchen im Winter sehr ähnlich.
Jungvögel dem Weibchen ähnlich, doch bräunlicher. Bauchgefieder gelblichbraun.
Nestlinge haben weißliche Dunen, roten Rachen, weißliche Schnabelrandwülste.

Lautäußerungen: Lockruf »quäik«. Flugruf »jäk« oder »jüp«, beim Abflug hastig gereiht. Männchen am Nest »zlip« oder »dsih«. Gesang leises Gezwitscher, alle paar Sekunden von lauteren und gedehnten Motiven unterbrochen.

Verbreitung und Lebensraum: Skandinavien durch Nordrußland und Sibirien bis Kamtschatka und Sachalin. Auch in England und im Nordwesten der Mongolei ist er beheimatet. Sein Lebensraum sind die nordischen Taigawälder. Er brütet dort vor allem auf Birken, aber auch auf Nadelbäumen. Ab Oktober können wir den Bergfinken in unseren Wäldern sehen, zumeist in Gruppen von 20 bis 100 Vögeln. Auf seiner Reise hier-

Ein Bergfinken-Weibchen im Vorfrühling an einer Futterstelle.

her kommt er in Schwärmen von oft mehreren tausend Vögeln daher. Vor allem die Buchenwälder durchstreift er in den Wintermonaten, auf der Suche nach deren ölhaltigen Eckern. An unsere Futterhäuschen kommt der Bergfink nur bei hohem Schnee, vor allem der Sonnenblumenkerne und Erdnüsse wegen.

Fortpflanzung: Bergfinken bilden häufig Brutkolonien. Über den Gebüschen oder Bäumen, die ihre engeren Reviere bilden, zeigen die Männchen bald nach der Rückkehr aus dem Süden ihre interessanten Balzflüge. Dabei steigen sie steil in die Luft empor, um sich dann in taumelndem, fledermausartigem Flug wieder herabzulassen.

Beim Ansingen eines Weibchens wird der Kopf in den Nacken gelegt, dann wieder vorgestreckt. Auch zeigt das Männchen dem Weibchen unter Anheben eines Flügels das Orangebraun der kleinen Flügeldecken und der Flanken.

Meistens beginnt in der nordischen Heimat die erste Brut Anfang Juni. Das Nest wird am häufigsten zwischen 2 und 3 m hoch in einer Birke gebaut, manchmal noch viel höher. Auf Nadelbäumen ist es auch zu finden oder auch in Weidenbüschen. Es wird vom Weibchen alleine kunstvoll zusammengefügt und ähnelt dem Nest des Buchfinken. Es ist aber größer und nicht so fest gebaut. An Nistmaterial werden kleine Birkenzweige, weiche Halme und Wurzelfasern, Moos, Flechten, Gespinste, Haare und Federchen genommen. Außen wird das Nest häufig mit Birkenrindenstückchen getarnt. Die Haare und Federn dienen zur Auspolsterung der Nestmulde.

Das Weibchen legt in Abständen von einem Tag 5 bis 7 Eier. Nach Ablage des 4. oder 5. Eies beginnt es mit der Brut. Die Eier sind hell grünlichbraun mit hellbraunen Flecken und noch helleren Wolken. Das Weibchen brütet alleine. Während dieser Zeit wird es gelegentlich vom Männchen mit einer Raupe oder einem anderen Insekt gefüttert. Die Brutdauer beträgt etwa 12 bis 14 Tage. Die Jungen werden zuerst fast ständig vom Weibchen gehudert. So bringt das Männchen die Nahrung heran und übergibt sie dem Weibchen, das dann die Nestlinge damit füttert. Es werden fast ausschließlich Insekten und deren Raupen, Spinnen und andere Kerbtiere verfüttert. Sind die Kleinen erst eine Woche alt, dann fliegen beide Eltern gemeinsam auf Nahrungssuche und füttern auch beide, das Männchen meistens zuerst. Mit 12 bis 15 Tagen sind die Jungen flügge. Dann füttert überwie-

Das Bergfinken-Männchen hat im Winter noch einen grauen Kopf. Durch Abnutzen der Federsäume wird das Kopfgefieder zum Frühjahr hin dann glänzend schwarz.

gend das Männchen weiter, während das Weibchen schon beim Bau eines Nestes für die zweite Brut oder gar schon beim Brüten ist. Oft ziehen sie auch einen jungen Kuckuck groß.
Es muß in den Nordgebieten schnell mit den Bruten gehen, denn schon im September können mit Kälte und Schnee schon winterliche Bedingungen eintreten. Die Mauser findet von Juli bis August oder auch von August bis Anfang Oktober statt, je nachdem, ob zwei Bruten möglich waren und wie sich das spätsommerliche Wetter und das Nahrungsangebot ergibt.
Haltung: Der Bergfink ist ein begehrter Pflegling für eine Gartenvoliere. Er ist hübsch, hat ein interessantes Verhalten und läßt noch vieles zu erforschen offen, vor allem was die Brutbiologie betrifft. Sein Gesang ist nicht besonders hübsch. Anspruchslos ist er auch in der Ernährung, wenngleich er für die Aufzucht der Jungen große Mengen tierischer Nahrung benötigt. Als nachteilig muß angesehen werden, daß er in einer Gemeinschaftsvoliere gegenüber anderen Vögeln oft sehr zänkisch, ja bösartig sein kann. Es gibt nicht wenige Fälle, in denen er seine Mitbewohner zu Tode gejagt oder gehackt hat. Darum ist es ratsam, den Bergfink paarweise in einer kleineren Voliere zu pflegen.
Zucht: Wegen seiner Unverträglichkeit und wegen seines großen Bedarfs an tierischer Nahrung, wenn er Junge im Nest hat, ist ein Erfolg in der Aufzucht beim Bergfinken äußerst selten. Er kann zwar sehr zutraulich werden, was die Aussichten auf einen Zuchterfolg wesentlich verbessert, doch sollte nicht versäumt werden, die Voliere gut mit Birkenzweigen und Tannengrün auszustatten und vor allem auch zu umgeben. Dann fühlt sich das Zuchtpaar viel sicherer und wohler.
Der Zuchtablauf ist wie in der Natur und weiter oben im Kapitel »Fortpflanzung« beschrieben. Frau Ingeborg Stark hat in ihren Beiträgen in der »Gefiederten Welt« Heft 12/1964 und Heft 3/1966 die Bergfinkenzucht sehr ausführlich beschrieben. Ein weiterer Zuchtbericht von Hans Korn befindet sich in der »Gefiederten Welt« Heft 4/1978. Beide Züchter erwähnen das frühe Schlüpfen der Jungen schon nach 11 bis 12 Tagen. Auch bis zum Ausfliegen der Nestlinge vergingen meistens nur 12 Tage. Auch waren die Zuchtvögel stets friedlich, während andere Liebhaber über ihre Unverträglichkeit berichteten so z.B. Peter-Jörg Albrecht in der »Gefiederten Welt« Heft 11/1976, bei dem ein Bergfinkenpaar anderen Finken die Schädeldecke eingeschlagen hatte. Bei einer

gemeinsamen Zucht mit anderen Vögeln muß also sehr aufgepaßt werden!
Während der ersten 10 Tage wurden die Nestlinge fast ausschließlich mit tierischer Nahrung versorgt. Danach gaben die Eltern zunehmend halbreife Sämereien an ihre Jungen. Es wurden große Mengen an Lebendfutter benötigt (s. nachfolgend unter »Ernährung«).
Bei H. Korn wurde eine zweite Brut Ende Juli begonnen, und zwar wurde das Nest der ersten Brut ausgebessert und dafür benutzt. Diese Tatsache, sofern sie auch in der freien Natur im Norden vorkommt, sowie die sehr kurzen Brut- und Nestlingszeiten scheinen eine Anpassung an die kurze Zeitspanne zu sein, die den Vögeln für die Fortpflanzung zur Verfügung steht.
Die Jungvögel zeigten sich bei den meisten Züchtern sehr zutraulich, häufig auch die Eltern. Sie nahmen sogar das gebotene Futter aus der Hand. Wie Frau Stark erwähnt, lassen die ganz kleinen Nestlinge (2 Tage alt) ein ganz zartes »sie-sie« als Bettellaute hören. Dieses Betteln wurde ausgelöst durch einen leisen Lockton des Weibchens, der sich wie »äih« anhörte. Später wurden die Rufe der Nestlinge lauter und klangen wie »ih-ih-ih«. Nach dem Ausfliegen rufen die Jungen »äh-äh-äh«, später scheppernd »äi-äi« und schließlich recht angenehm »drüi-drüi«.
Ernährung: Ein Waldvogelfuttergemisch mit Rübsen, Negersaat, Leinsaat, etwas Hanf, Mohn, Nadelholzsamen, Glanz und Hirse bildet das Grundfutter. Gern werden auch Sonnenblumenkerne und Bucheckern genommen, ferner verschiedenste Wildkräuter. Grünfutter und Vogelbeeren werden ebenso wenig verschmäht. Wenn vorhanden, sind halbreife Samen vieler Wildkräuter zu reichen, die bei der Jungenaufzucht eine große Rolle spielen, allerdings erst, wenn die Nestlinge etwa 10 Tage alt sind. Keimfutter ist dann ebenfalls zu reichen. Sind die Jungen noch kleiner, ist unbedingt viel Lebendfutter und andere tierische Nahrung erforderlich. Es werden kleine Mehlwürmer, Ameisenpuppen, Blattläuse, Getreideschimmelkäfer-Larven, Wachsmottenlarven, Fliegenmaden (vor allem Pinkys), Fliegen, kleine Feldheuschrecken, Spinnen, kleine unbehaarte Raupen und vielerlei andere Insekten, das sogenannte »Wiesenplankton« genommen. Bei einem reichhaltigen Angebot an tierischer Nahrung werden hartgekochtes Eigelb, gekochtes und fein zerschnittenes Rinderherz, ein käufliches Weich- und Aufzuchtfutter nur wenig beachtet. Die Altvögel können aber daran gewöhnt werden, ebenso an Magerquark, der mit dem Aufzucht- und Weichfutter vermischt wird.
Besonderes: In manchen Jahren gibt es große Bergfinkeninvasionen. Dann kommen Millionen von Bergfinken aus dem Nordosten in unsere Gebiete, um zumeist in den Wäldern des Schweizer Jura zu überwintern. Es wird vermutet, daß diese unvorstellbaren Schwärme, die mehrere Millionen Vögel umfassen, aus Sibirien stammen. Die letzte große Invasion erfolgte 1982/83, bei der auch 4 bis 10 Millionen Bergfinken in der Nähe von Stuttgart ihre Schlafplätze hatten. Die bisher größten Invasionen fanden 1946/47 und 1951/52 statt. Damals wurden in der Schweiz an einzelnen Schlafplätzen zwischen 10 und

70 Millionen Vögel geschätzt. Insgesamt sollen sich dort in jenen Wintern bis zu 100 Millionen Bergfinken befunden haben.
Keine andere Vogelart Europas bringt es zu solch unvorstellbar großen Massenflügen wie der Bergfink. Seine Populationen in Skandinavien wären viel zu klein, um sich derartig zu vermehren. Sie müssen in den riesigen Weiten Sibiriens leben und sich dort so stark vermehren. Kommt es dann in ihrer Heimat zu Futterknappheit, ziehen die Vögel fort und fallen im Südwesten Mitteleuropas ein. Daß sie zum größten Teil in der Schweiz überwintern, wird wohl damit zusammenhängen, daß sie sich scheuen, die Alpen zu überqueren, und daß im Bereich der Schwäbischen Alb, des Schwarzwaldes und an der Ostseite des Schweizer Jura hervorragende Nahrungsquellen für die Bergfinken vorhanden sind.

Buchfink
(Fringilla coelebs)
Engl.: Chaffinch

Kennzeichen: Länge 15 cm, Flügellänge 86 bis 97 mm, Gewicht 25 g. Männchen und Weibchen sind unterschiedlich gefärbt.
Jungvögel sehen dem Weibchen ähnlich, sind aber insgesamt matter und bräunlicher gefärbt.
Nestlinge haben hellgraue Dunen, Sperrachen von roter bis oranger Farbe mit weißen Schnabelrandwülsten.
Lautäußerungen: Lockruf klares, lautes »pink pink«, Flugruf »jüp-jüp«. Ein sogenannter Regenruf hört sich wie »wried«, »füiit« oder »wrüid« an, was regional als Dialekt sehr verschieden ist. Der Gesang, der schmetternde Buchfinkenschlag, kann sehr unterschiedlich enden. Nach dem lauten »zizizizizi« folgt ein Schnörkel, der mit »Würzgebier«, »wildes Tier« oder auch »Reitzug« lautmalend übersetzt wird. Wettbewerbe der Buchfinkenzüchter mit ihren Vögeln werden im Harz in jedem Frühjahr durchgeführt, früher auch in Thüringen.
Verbreitung und Lebensraum: Azoren, Madeira, Kanarische Inseln, Nordafrika, Kleinasien, ganz Europa und im westlichen Sibirien. Im Norden Skandinaviens und Rußlands sowie auf Island ist er nicht anzutreffen. Eingebürgert auf Neuseeland und in Südafrika bei Kapstadt.
Der Lebensraum des Buchfinken sind sowohl die Wälder als auch die Feldgehölze, Gärten, Obstbaumplantagen, Parkanlagen und Friedhöfe. Von den Gebirgen bis zum Tiefland ist er überall anzutreffen, wenn nur Büsche oder Bäume in der Nähe sind. Am liebsten sind ihm Biotope, wo Bäume mit freien Flächen abwechseln. Er ist nämlich ebenso gerne auf dem Boden, wenn es um die Nahrungssuche geht, wie auf Büschen und Bäumen. Trockene und keimende kleine Sämereien sowie allerlei Insekten und deren Raupen wie auch Spinnen nimmt er vom Boden auf, auch zartes, sprießendes Grün. Vor allem während der Aufzucht von Jungen werden Raupen von Blättern und Zweigen abgesammelt.
Auch Knospen (im Frühjahr) und Beeren (im Herbst) gehören zu seiner Nahrung, die er auf Bäumen und Büschen findet.

Der Buchfink mag es, wenn in seiner Voliere kleine Nadelbäume gepflanzt sind. Er fühlt sich darin dann sicherer.

Die Vögel West-, Mittel- und Südeuropas sind Jahres- oder Strichvögel, während die aus Nord- und Osteuropa zum Winter nach Westen und Süden ziehen.

Fortpflanzung: Schon zeitig im Frühjahr, meistens Ende Februar bis Mitte März, besetzen die Buchfinken-Männchen ihre Reviere und singen sehr fleißig. Sie versuchen damit, Rivalen von ihrem Gebiet fortzuhalten, ein Weibchen aber anzulocken. Ein Männchen hat meistens mehrere Singwarten in seinem Revier.

Ganz in der Nähe seiner Hauptsingwarte baut das Weibchen das Nest. Es ist ein Meisterwerk, was die Festigkeit und Anpassung an den jeweiligen Standort betrifft. An Materialien braucht das Weibchen weiche Halme, Wurzelfasern, Moos, Flechten und Baumrindenstückchen. Letztere werden mit Gespinsten an die Außenwände des Nestes geklebt, um es damit zu tarnen und seiner Umgebung anzupassen. Die Baustoffe werden zu einem kleinen, sehr festen, fast verfilzten Napf zusammengefügt. Für die Auspolsterung werden Pflanzenwolle und Federchen genommen, hauptsächlich aber Haare. Wenn das Weibchen das Nistmaterial auch alleine verbaut, so hilft das Männchen doch fleißig beim Herbeitragen mit. Der Standort eines Buchfinkennestes ist meistens in einem Busch oder Baum, in einer Mauer oder zwischen Efeu, wildem Wein oder einem anderen Rankgewächs, und zwar meistens in einer Höhe von 2 bis 4 m. Es wird in eine Astgabel oder direkt neben den Stamm gebaut.

Das Weibchen brütet allein auf den durchschnittlich 4 bis 5 Eiern. Diese sind blaßblau, grünlichblau oder bräunlich in der Grundfarbe und haben dunkelbraune Flecken und Kritzel mit hellen braunen Wolken. Nach 12 bis 14 Tagen schlüpfen die Jungen. Sie werden von beiden Eltern gefüttert und verlassen mit 12 bis 16 Tagen das Nest. Die Entwicklung der Nestlinge ist vom Futterangebot abhängig und dieses wiederum vom Wetter. Die Nahrung für die Jungen besteht nämlich fast ausschließlich aus kleinen Insekten und Spinnen. Erst wenn die jungen Buchfinken etwa 10 Tage alt sind, bekommen sie mehr und mehr kleine halbreife Sämereien verschiedener Wildkräuter dazugefüttert. Nach dem Ausfliegen werden sie noch 1 bis 2 Wochen lang von den Eltern versorgt, vor allem vom Vater. Das Weibchen beginnt dann oft schon die zweite Brut, die meistens im Juli selbständig wird.

Haltung: Der Buchfink ist ein guter und interessanter Pflegling für die Garten- und Zimmervoliere. Er ist widerstandsfähig, anspruchslos und ausdauernd. Oft haben Buchfinken zwischen 10 und 15 Jahre bei bester Gesundheit in menschlicher Obhut gelebt. Die paarweise Unterbringung in einer kleineren Voliere ist am besten, doch läßt sich der Buchfink auch in einer Gemeinschaftsvoliere halten. Nur selten ist ein Vogel aggressiv gegenüber anderen Mitbewohnern. Dann kann er allerdings die Harmonie total durcheinanderbringen und sogar gefährlich werden. Solch ein Vogel gehört dann mit seinem Weibchen paarweise untergebracht.

Zucht. Die Zucht des Buchfinken ist nicht einfach, doch sind in jedem Jahr eine Anzahl von Bruten erfolgreich. In großen Käfigen gelingen Zuchten nur selten, in Volieren, die mit Pflanzen ausgestattet sind und den Vögeln das Gefühl von Schutz und Sicherheit geben, kommt es viel leichter zum Erfolg. Werden neben Nadelhölzern und anderen Bäumchen und Büschen recht viele verschiedene Nistgelegenheiten geboten, findet auch das Buchfinkenpaar einen geeigneten Platz für das Nest. Am besten haben sich Holzklötze von etwa 12 bis 15 cm Durchmesser bewährt, die rundherum mit Douglastannenzweigen oder anderem Immergrün besteckt wurden, ganz nach Art der Sabel'schen Nistklötze. Auf einem solchen Nistklotz hat auch Thomas Mangolds Buchfinkenweibchen sein Nest gebaut, der über die erfolgreiche Zucht dieser Art in der »Gefiederten Welt« Heft 5/1978 ausführlich berichtet. Das Weibchen nahm zum Nestbau Kokosfasern, Scharpie, Hühnerflaum, Würzelchen, Hundehaare und verschiedene Arten von Moos. Auch reichte Herr Mangold alte, zerrupfte Nester von Grünfinken, Hänflingen und Haussperlingen. Wird dies gemacht, dann erhält man hervorragende Nestbaustoffe, doch ist eine sorgfältige Desinfektion der Nester vorzunehmen, da Ungeziefer und Krankheitskeime darin sein können. Innerhalb weniger Tage baute das Weibchen ein schönes Nest, dessen Rand 5 cm hoch war.

Die Paarung fand auf einem Ast statt. Das Weibchen lockte mit leisen »psiep-psiep«-Lauten, stellte den Schwanz senkrecht auf und legte den Kopf weit in den Nacken. Das Männchen setzte sich vor es hin und verbeugte sich mehrere Male nach beiden Seiten. Dann beflog er das Weibchen, wobei er ein Klappern hören ließ. Die Kopulation wurde gleich noch zweimal wiederholt.

Nach dem Legen des dritten von fünf Eiern begann das Weibchen fest zu brüten. Es kam zur Futteraufnahme kurz vom Nest, wurde vom Männchen aber nicht beim Brüten abgelöst und auch nicht gefüttert. Die Jungen schlüpften nach genau 12 Tagen Brutzeit. Sie wurden 10 Tage lang vom Weibchen gehudert. Bei der ersten Brut fütterte das Männchen während der ersten Tage nicht mit, bei späteren Bruten beteiligte es sich allerdings von Anfang an. Als die Jungen das Nest verließen, waren sie 14 bis 15 Tage alt, als sie selbständig waren, betrug ihr Alter 35 Tage. Sie bettelten die Eltern noch an, bis sie etwa 45 bis 50 Tage alt waren, wurden von diesen jedoch nicht beachtet.

Das Buchfinkenpaar Herrn Mangolds hat in jenem Jahr drei Bruten gemacht und dabei insgesamt 7 Junge großgezogen. Es wurde für die Folgebruten jeweils das alte Nest genommen, nachdem es mit Scharpie und Hühnerfedern ausgebesert wurde. Das Männchen fütterte fleißig mit und versorgte die Jungen der dritten Brut nach deren Ausfliegen ganz alleine, da das Weibchon schon in die Mauser gegangen war.

Als Aufzuchtfutter bei der zweiten und dritten Brut wurden sehr viele Fliegenmaden, Grillen und Heuschrecken gegeben, die den Mehlwürmern eindeutig vorgezogen wurden. Bei der ersten Brut standen nur Ameisenpuppen, Mehlwürmer und Mehlwurmpuppen zur Verfügung. Daß von den 15 geschlüpften Jungen nur 7 groß wurden, führt Herr Mangold darauf zurück, daß er nicht genügend viele Futtertiere zur Verfügung hatte. Ich finde den Zuchterfolg jedoch beachtlich. Bei anderen Liebhabern wurden auch viele Blattläuse, unbehaarte grüne Raupen, Spinnen, Getreideschimmelkäfer-Larven, Wachsmottenlarven, Enchyträen und auch Eifutter von den Buchfinken genommen.

Ernährung: Neben diesem eben aufgezählten Lebend- und Weichfutter, von dem der Buchfink möglichst viel verschiedenes für die Aufzucht seiner Jungen benötigt, nimmt er noch eine Reihe von Sämereien und anderes pflanzliches Futter zu sich. Das ist jedoch von Jahreszeit zu Jahreszeit verschieden. Im Frühjahr und Sommer werden viele Wildsämereien aufgenommen, etwa von Löwenzahn, Vogelmiere, Sauerampfer, Rispengras und Vogelknöterich, im Herbst und Winter auch von Nachtkerze, Beifuß, Fichten, Kiefern, Lärchen, Buchen und Ahorn. Außerdem werden im Herbst Vogelbeeren, die Beeren des Schneeballs und andere genommen, sogar das rote Fleisch der Eibenfrüchte, das ja im Gegensatz zu allen anderen Teilen der Eibe ungiftig ist. Im Frühjahr gehören vielerlei Knospen zur Nahrung des Buchfinken.

Als Ersatz für die natürliche Nahrung kann dem Buchfink an Sämereien folgendes gereicht werden: Rübsen, Negersaat, Leinsaat, Perillasaat, Glanz, Hirse, Sonnenblumenkerne, Hafer und Weizen (beides frischreif). Gern nimmt er auch Obst wie süßen Apfel, Birne, Weintraube, sogar Möhren in geriebenem Zustand, Gurkenscheiben und schließlich auch Knospen, die schon im Winter zum Sprießen gebracht werden können, wenn die Zweige in einem warmen Raum in Wasser gestellt werden.

Besonderes: Der Buchfink wurde über viele Jahrhunderte von unseren heimischen Finken seines »Schlages« wegen gehalten. Wie Franz Mönig in der »Gefiederten Welt« Heft 5/1975 anschaulich vom Buchfinken-Wettsingen berichtet, war schon König Heinrich I., der einstige Sachsen-Herzog, vor mehr als 1000 Jahren dem Volk als »Heinrich der Finkler« vertraut. Er war das traditionelle Vorbild der passionierten »Finkenbrüder« späterer Jahrhunderte. Da der Buchfink in verschiedenen Gegenden verschiedene »Dialekte« in seinem Gesang, vor allem in dessen Endstrophe bringt, hatte man daraus einen Sport gemacht. Kenner unter den Finklern konnten bis zu 20 verschiedene Schläge unterscheiden. Sie suchten einen besonders rein schlagenden Vogel zu fangen. Das war gar nicht so einfach, da längst nicht alle Buchfinken so gute Sänger sind. Wer einen solchen Vogel besaß, hat ihn mit viel Liebe gepflegt. Die weniger guten Sänger wurden wieder freigelassen. Mit den hervorragenden Sängern ging es dann im Frühling zum Buchfinken-Wettsingen. Die Vögel wurden dafür einzeln in kleine Käfige gesetzt, die mit einem luftdurchlässigen weißen Tuch umgeben wurden, damit die Vögel sich nicht sehen konnten. Wo der Buchfink mit dem schönsten Gesang ermittelt werden sollte, standen die Vögel in ziemlichem Abstand zueinander. Große Kenner des Buchfinkengesangs amtierten als Preisrichter. In einer anderen Klasse, der Kampfklasse, ging es nicht um die Schönheit des Gesangs, sondern darum, welcher Buchfink in einer bestimmten Zeit am häufigsten singen würde. Auch ihre Käfige waren

Wenn die Gimpel-Jungen kurz vor dem Ausfliegen sind, fehlt ihnen noch die schwarze Kopfplatte.

mit einem dünnen weißen Leinentuch zugedeckt. Sie standen dicht nebeneinander. So spornten sich die Vögel gegenseitig zum Singen an. Die besten Vögel brachten es auf 150 bis 160 Schläge in einer Zeit von 15 Minuten.
Durch dieses Buchfinken-Wettsingen und durch das große Wissen um den Buchfinkengesang sind Ornithologen erst darauf aufmerksam geworden, daß es gebietsweise unterschiedliche Dialekte gibt, was dann auch bei anderen Vogelarten festgestellt wurde. Wie in so vielen Fällen haben auch hier Vogelhalter einen Beitrag zur Erforschung unserer heimischen Vogelwelt geliefert. Das Wettsingen mit Buchfinken ist gegen Ende der 60er und Anfang der 70er Jahre zu Ende gegangen. Das liegt vor allem daran, daß die »Finkler« sich keine Buchfinkenhähne mit besonderem Schlag mehr fangen dürfen, zum anderen aber auch daran, daß die Haltung heimischer Vögel sehr erschwert wurde. Es bleibt zu hoffen, daß Buchfinkenzüchter diesen traditionsreichen Wettbewerb wieder neu beleben werden. Die Vögel werden in großen Volieren gehalten und gezüchtet und nur wenige auserlesene Sänger kommen für kurze Zeit im Frühjahr in den Buchfinken-Wettstreit!

Gimpel

(Pyrrhula pyrrhula)
auch Dompfaff, Blutfink, Lobfink genannt
Engl.: Common Bullfinch

Kennzeichen: Länge 14,5 bis 16 cm, Flügellänge je nach Rasse 76 bis 99 mm, Gewicht von 18 bis 37 g, ebenfalls sehr unterschiedlich. Männchen s. Foto. Die beim Männchen roten Partien sind beim Weibchen graubraun.
Jungvögel insgesamt brauner, haben noch nicht die schwarze Kopfplatte, aber schon den weißen Bürzel und weißliche Flügelbinden. Schnabel hornfarben.
Frisch geschlüpfte Nestlinge haben lange graue Dunen auf Kopf und Rükken. Rachen rosa, Schnabelrandwülste hellgelb.
Lautäußerungen: Lockruf sanft flötend »düu«, Stimmfühlungslaut leise »bittbitt«, Warnruf »dü-dü«. Das Männchen läßt einen Nestlockruf hören: »schrüühr-schrüühr«. Gesang ist ein leises Flöten, das von rätschenden, knarrenden oder klirrenden Geräuschen unterbrochen wird. Auch das Weibchen singt, doch leiser und kürzer.
Verbreitung und Lebensraum: Nord- und Mitteleuropa, auch britische Inseln. Südwärts bis zum Norden Spaniens, zum Süden Italiens (außer Sizilien) und zum Norden Griechenlands. Ferner vom Norden der Türkei durch den Norden des Iran bis in den Kaukasus und durch Sibirien, dem Norden der Mongolei bis Kamtschatka, den Kurilen, Sachalin und dem Norden Japans.

Sein Lebensraum sind Waldgebiete, am liebsten aufgelockerte Mischwälder, wo er an Feldrändern, auf Lichtungen und Schneisen anzutreffen ist. Offenes Feld und dichten Nadelwald mag er dagegen nicht so sehr. Für Obstplantagen, Friedhöfe und buschreiche Gärten interessiert er sich dafür umso mehr. In die Grünanlagen der Ortschaften, selbst der Großstädte kommt der Gimpel. Er zeigt dann wenig Scheu.

Während die Vögel aus dem Norden Skandinaviens und aus dem Nordosten Zug- oder Strichvögel sind, bleiben die meisten der westeuropäischen in ihren Heimatgebieten.

Fortpflanzung: Ende März, Anfang April findet die Paarbildung statt. Dabei begrüßt das Weibchen das Männchen mit einer Drohgeste, wobei es ihm den aufgesperrten Schnabel entgegenstreckt. Dabei läßt es einen heiseren Laut hören. Das Männchen antwortet mit einem Imponiergehabe, indem es sein Bauchgefieder aufplustert und den Schwanz seitwärts dem Weibchen zukehrt. Daraufhin läßt das Weibchen das Drohen sein. Ist der Hahn aber schüchtern und nicht an der Henne interessiert, wird er von ihr wütend durch die ganze Voliere gejagt. Mögen sich aber die Partner, dann beginnt er ein schnelles Schnäbeln, das von ihr bald beantwortet wird. Nach jedem Schnäbeln wenden sich die Partner voneinander ab, fliegen auch ein Stückchen, um gleich zum nächsten Schnäbeln zurückzukommen. Bald wird sie auch von ihm gefüttert. Dabei zeigt er beim Sammeln des hochgewürgten Futters im Schnabel bestimmte Hin- und Herbewegungen, die sie veranlassen, sich klein zu machen und wie ein Jungvogel zu betteln, allerdings ohne dabei Laute auszustoßen. Als weiteres Hochzeitsritual zeigt das Gimpelmännchen eine Halmbalz. Es fliegt mit Nistmaterial auf das Weibchen zu und bietet es diesem an. Oft sucht sich das Weibchen aber selbst einen Halm und zeigt sich dann meistens paarungsbereit. Das Männchen sucht den Nistplatz aus und lockt mit seinem Nestlockruf das Weibchen dorthin.

Das Nest selbst wird vom Weibchen gebaut. Zuerst beginnt es mit dem Unterbau, der aus Reisern besteht. Darauf wird eine flache Mulde aus feinen Würzelchen errichtet. Manchmal sind auch einige Haare darin verarbeitet, ferner Blattstückchen, Flechten und Moos. Das Nest wird bei der ersten Brut im April/Mai meistens in einen kleinen Nadelbaum gebaut, da Laubgebüsch und -hecken noch kahl sind. Bei der zweiten Brut im Juni kann das Nest an verschiedensten Plätzen gefunden werden. Außer in kleinen Nadelbäumen sind Hekken aus Laubgehölzen und kleine Laubbäume sehr beliebt. Das Nest steht auf äußeren Zweigen, doch gut versteckt in einer Höhe von 1 bis 3 m. Das Weibchen brütet fast immer alleine und wird nur ganz selten vom Männchen abgelöst. Es wird von ihm aber sehr zuverlässig aus dem Kropf gefüttert.

Das Gelege besteht meistens aus 4 bis 5 Eiern, die blaßblau sind und rotbraune sowie schwarze Punkte, Flecke und Kritzel aufweisen, ferner blaß rötlichbraune Wolken, vor allem am stumpfen Ende. Das Schlüpfen der Jungen erfolgt rund 14 Tage nach Brutbeginn. Beide Eltern füttern sehr fleißig, allerdings hu-

Das Gimpel-Pärchen hält treu zusammen, nachdem es ein kompliziertes Ritual der Anpaarung hinter sich gebracht hat. Hierbei entscheidet es sich, ob die Partner sich mögen.

dert das Weibchen an den ersten Tagen die Kleinen, so daß die meiste Nahrung vom Männchen im Kropf herangetragen wird. Bald sind sie aber beide gleichzeitig vom Nest fort, um viele frischreife Sämereien zu suchen. Von manchen Paaren werden auch Blattläuse und kleine Raupen an die Jungen verfüttert. Nach meistens 15 bis 16 Tagen sind die Jungen flügge, weitere 2 Wochen später selbständig.

Die Jungvögel gehen zu dieser Zeit sogenannte »Geschwisterverlobungen« ein, wobei das Geschlecht keine Rolle spielt. Die einzelnen »Paare« bleiben bis zum Ende des Winters zusammen, trennen sich dann aber, um einen Brutpartner zu suchen. Die Mauser findet in den Monaten Juli/August statt.

Haltung: Der Gimpel eignet sich sowohl für die Haltung in einem großen Käfig (mindestens 100 × 60 × 50 cm) als auch für die Voliere. Bei Käfighaltung sollte er viel Freiflug im Zimmer bekommen, da er sonst sehr leicht fett und träge wird. In Zimmer- oder Gartenvolieren kann er gut mit anderen Finkenvögeln zusammen untergebracht werden, da er in der Regel sehr friedlich ist. Zur Brutzeit kann ein Gimpelmännchen allerdings andere Vögel jagen und beißen sowie deren Nester zerstören. Am besten ist dann die paarweise Unterbringung in einem großen Käfig oder einer kleinen Voliere. Ob Käfig oder Voliere, die Ausstattung mit Douglastannenzweigen, Kiefernzweigen oder anderem Grün bzw. mit kleinen Nadelholzbäumen ist für den Gimpel besonders wichtig. Er fühlt sich dann wohler

und sicherer. Allerdings ist der Gimpel kein ängstlicher und scheuer Vogel, sondern wird meistens ziemlich zutraulich.
Als Einzelvogel gehalten und womöglich aufgepäppelt, wird der Gimpel äußerst zahm. Er sieht im Menschen sogar einen Partner, so stark kann er auf ihn geprägt sein. Dann lernt er auch Melodien nachzupfeifen.
Zucht: Die Zucht der Gimpel gelingt schon in Käfigen von etwa 120 × 60 × 80 cm Größe. In einem solchen Käfig haben die Vögel schon gute Bewegungsmöglichkeit. Auch kann er mit Gezweig, vor allem mit Douglastanne, die nicht nadelt, ausgestattet werden. Wird dies um die Nestunterlagen angeordnet, fühlen sich die Gimpel besonders sicher und wohl. Es sollten möglichst zwei Nestunterlagen geboten werden, etwa ein Sabelscher Nistklotz und ein Nistkörbchen für Positurkanarien. Diese Auswahl läßt die Vögel leichter zur Brut schreiten. Wird dann noch das richtige Nistmaterial – es werden auch Kokosfasern verbaut – in ausreichender Menge gereicht, gelingt die Zucht in einem Käfig relativ leicht (siehe weiter oben unter »Fortpflanzung«).
Die Volierenzucht ist natürlich einfacher, selbst wenn nicht mehr Platz als 2 × 1 × 2 m vorhanden ist. Ist in solch einer Voliere das Paar für sich untergebracht, bestehen ideale Voraussetzungen zur Zucht, vor allem wenn ein kleiner Nadelbaum darin gepflanzt und mehrere Nistgelegenheiten angebracht sind.
Ein wichtiger Faktor für das Gelingen der Zucht ist auch die Paarharmonie. Bei Gimpeln kommt es sehr darauf an, daß sich die Partner mögen. Darum ist es nötig, sie bei der Paarzusammenstellung gut zu beobachten. Vor allem in der Zeit, wenn ein alleine gehaltenes Weibchen im Frühjahr mit Nistmaterial hin und her fliegt, kann ihm ein Männchen zugegeben werden. Mögen sich die Vögel, werden sie sich ansingen und einander die Schwänze zukehren. Ist das nicht der Fall, kann es zu Raufereien kommen, die sogar tödlich für einen der beiden Vögel enden können, wie auch Heinrich Schießer in der »Gefiederten Welt« (Heft 4/1978) berichtet.
Alles über Balz, Brut und Aufzucht der Jungen stimmt mit den unter »Fortpflanzung« weiter oben gemachten Angaben überein.
Ernährung: Der Gimpel nimmt gern die Samen von Fichte, Nachtkerze, Disteln, Salat, Rübsen, Erle, Birke, Glanz, Gras, Hirse, Zichorie, Mohn, ferner Negersaat und Leinsaat. Hanf wird zwar auch gern gemocht, sollte aber nicht oder nur in kleinster Menge gegeben werden. Von den wildwachsenden Kräutern werden Löwenzahn, Sauerampfer, Kreuzkraut, Hirtentäschel, Wegebreit, Brennessel, Gänsedistel, Vogelmiere und viele andere genommen. Ferner nimmt er halbreifen Hafer, die Samen der Gartenstiefmütterchen, Sonnenblumenkerne. Im Sommer und Herbst sind viele Beeren sehr begehrt, zum Beispiel Heidelbeeren, Brombeeren und vor allem Vogelbeeren. Apfel- und Birnenstücke, Weintrauben und geriebene Möhre werden genommen, ferner Endivien- und Kopfsalat. Im Winter und Frühling können Obstbaumzweige zum Keimen der Knospen in Wasser gestellt und als vitaminreiche Zukost gereicht werden.

Mit seinem wuchtigen, im Frühjahr stahlblauen Schnabel und seinen hübschen Farben ist das Kernbeißer-Männchen ein auffallend schmucker Vogel.

Kernbeißer
(Coccothraustes coccothraustes)
auch Kirschkernbeißer genannt
Engl.: Hawfinch

Kennzeichen: Länge 18 bis 20 cm. Die Flügellänge beträgt 98 bis 106 mm, das Gewicht etwa 55 g. Weibchen ähnlich, jedoch mehr beige gefärbt.
Jungvögel hellgelbe Kehle, Rücken leicht gefleckt, Unterseite und Flanken tragen braune Flecke an den Federspitzen.
Lautäußerungen: ruft »zick« oder »zick-it«, lang und durchdringend »zieh«, zart und leise »zlip«. Gesang teils lautes Gezwitscher und Schwatzen, teils tiefes und leises Knarren, mit eingestreuten Trillern und Lockrufen dazwischen.
Verbreitung und Lebensraum: Europa (außer Irland, Sizilien und Balearen), in Skandinavien nur im Süden, im Nordwesten Afrikas, im Kleinasien und in den gemäßigten Gebieten Asiens, ostwärts bis zum Norden Koreas, dem Norden Japans und Sachalin.
Lebt in Laub- und Mischwäldern, in Parks und Feldgehölzen. Ist zur Brutzeit sehr heimlich und hält sich in den belaubten Baumwipfeln versteckt. Besser kann er im Winter beobachtet werden, wenn die Wälder kahl sind. Dann streift er truppweise umher und läßt viel häufiger seinen harten Lockruf hören. Besucht dann auch Futterstellen im Laubwald, wo er am liebsten Sonnenblumenkerne und Erdnüsse nimmt. An Futterhäuschen in Wohngebieten kommt er dagegen kaum, da er sehr scheu ist und den offenen Laubwald ungern verläßt.
Fortpflanzung: Der Kernbeißer ist auch zur Brutzeit im Frühjahr häufig in kleinen Gesellschaften anzutreffen. Er brütet auch gern gesellig in den Wipfeln hoher Laubbäume, manchmal auch auf ausladenden Ästen, wobei der niedrigste Neststandort 1 m beträgt. In Mischwäldern wird das Nest gelegentlich auch auf Nadelbäumen errichtet. In ruhigen Obstgärten und in Baumgruppen an wenig befahrenen Straßen wird ebenfalls gebrütet. Die Nester der einzelnen Paare sind meistens nicht auf demselben Baum, sondern auf benachbarten Bäumen zu einer lockeren Kolonie verstreut. Das Nest ist kein fest verarbeiteter, verfilzter Bau wie bei den anderen Finkenvögeln. Vielmehr bringt der Kernbeißer einen Unterbau aus trockenen Zweigstückchen in einer Astgabel zusammen. Diese werden häufig auf den Bäumen abgebrochen. Darauf werden Grashalme ziemlich lose verarbeitet. Diese bilden eine dünne Nestmulde, die mit Pflanzenwolle, Wurzeln und Haaren ausgepolstert wird. Männchen und Weibchen tragen beide Nistmaterial heran, das Weibchen allerdings mehr. Letzteres baut alleine. Balz und Nestbau sind Ende April/Anfang Mai zu beobachten. Bei der Balz stellt das Männchen die Stirnfedern auf und singt seinen

leisen Hochzeitsgesang. Wiederholt füttert er das Weibchen, das mit zickenden Lauten und Flügelschlagen wie ein Jungvogel bettelt. Beide Partner verbeugen sich voreinander und schnäbeln sich. Mit hängenden Flügeln und sehr aufrechter Haltung läuft das Männchen auf dem Zweig hin und her.

Mit 4 bis 6 Eiern von hellblauer, graugrüner oder bräunlicher Farbe mit grauen, braunen und schwarzen Tupfen, Punkten und Stricheln ist das Gelege vollständig. Das Eigewicht beträgt 3,5 g. Das Weibchen brütet alleine.

Nach 14 Tagen schlüpfen die Jungen. Sie haben ein dichtes weißes bis weißlichblaues Dunenkleid. Der Rachen ist rosa, ebenso die Zunge. Beide sind purpurrot und himmelblau eingefaßt. Weißliche Sporne und gelbe Schnabelwülste vervollständigen den sehr bunten Sperr-Rachen. Beide Eltern füttern die Jungen, die 13 bis 14 Tage im Nest bleiben. Sie sind dann noch flugunfähig und sitzen im Gezweig. Die Altvögel füttern und führen die Jungen noch lange. Im Alter von 30 Tagen werden sie noch gefüttert, nehmen aber auch schon weichschalige Samenkörner auf. Mit ihren Eltern bleiben sie zusammen, auch den Winter über.

Im Alter von etwa 45 Tagen beginnt bei den Jungvögeln die Mauser des Kleingefieders. Zur gleichen Zeit (Juli bis September) machen die Altvögel ihre jährliche Vollmauser durch.

Haltung: Die Haltung des Kernbeißers ist nicht schwierig. In einer Voliere verhält er sich anfangs recht stürmisch. Es kommt aber auf die Ausstattung und Besetzung der Voliere an. So kann er sich in einer Voliere mit viel Gebüsch ausgesprochen ruhig und zutraulich verhalten. Selbstzuchtvögel sind ohnehin vertrauter und manchmal sogar zahm.

Zucht. In größeren Gartenvolieren ist die Zucht schon mehrfach gelungen. Sind kleine Fichten, andere Nadelhölzer oder dichtes Gebüsch vorhanden, baut dort das Weibchen gern das Nest. Am liebsten nimmt es Unterlagen aus grünem Drahtgeflecht an, damit die Reiser und festeren Grasstengel für den Nestbau einen guten Halt haben. Zur Auspolsterung benötigt das Weibchen feine Wurzelfasern, Scharpie und Tierhaare. Beim Brüten sitzt das Weibchen meistens sehr fest auf dem Gelege. Die Jungen schlüpfen nach 14 Tagen. Beide Eltern füttern, wenngleich anfangs das Futter vom Männchen zum hudernden Weibchen weitergegeben wird. Auf jeden Fall sind die Eltern rechtzeitig an geeignetes Aufzuchtfutter zu gewöhnen. Dies sind kleine Mehlkäferlarven, Getreideschimmelkäfer-Larven, Wiesenplankton, Ameisenpuppen und gekeimtes Waldvogelfutter. Etwas Weichfutter sollte ebenfalls gegeben werden, ferner kleine Mengen hartgekochtes Eigelb.

Ernährung: Der Kernbeißer nimmt gern von den ölhaltigen Sämereien Hanf, Rübsen, Leinsamen, Mohn und Sonnenblumenkerne und von den mehlhaltigen Glanz, etwas großkörnige Hirse, Hafer und Weizen. Kirsch- und Kürbiskerne sowie Bucheckern stellen für ihn ebenso Leckerbissen dar wie Eberesche-(Vogel)beeren, Apfelstücke sowie allerlei anderes Obst und Beeren. An Grünfutter und vor allem an Blattknospen geht er sehr gerne. Da der Kernbeißer leicht fettleibig wird, sollte er nicht zu

Dieses Grünlings-Weibchen brütet sehr vertraut zwischen den Stiefmütterchen auf dem Balkon.

gehaltvoll ernährt werden. Mit Rübsen und Apfelstücken als Diät kann er wieder eine schlankere Linie bekommen.

Grünling

(Chloris chloris)
auch Grünfink genannt
Engl.: Greenfinch

Kennzeichen: Länge 14 bis 15 cm, Flügellänge 83 bis 95 mm, Gewicht 28 bis 31 g. Männchen s. Foto. Weibchen mehr graugrün.
Jungvögel ober- und vor allem unterseits bräunlich längsgestreift.
Nestlinge mit hellgrauen Dunen, Rachen rosarot, Schnabelrandwülste gelblich.
Lautäußerungen: Flugruf »gügügügü«, ruft ferner »djui« und langgezogen »ihtsch«. Gesang mehrfach wiederholte Motive wie »kling, kling, kling«, »girrrr« und »toi toi toi«. Dazwischen häufig ein sehr weit hörbarer »schwoinsch«. Wird von Baumspitzen oder anderen hohen Warten aus vorgetragen, aber auch im Balzflug, bei dem der Vogel schmetterlingsartig über den Bäumen fliegt.
Jungvögel betteln mit lautem, anhaltendem »djul djul djul«.
Verbreitung und Lebensraum: Europa mit Ausnahme des nördlichen Skandinavien. Ferner kommt er in Nordafrika und in Kleinasien vor, ost- und nordwärts bis zum Norden des Iran und im Kaukasus. Im Südosten Australiens, in Neuseeland und im Süden Uruguays ist er durch Auswilderung heimisch gemacht worden.
Bei uns ist der Grünling Bewohner der Gärten, Vorstädte, Parkanlagen und Friedhöfe, seltener der Feldlandschaft mit Alleen, Feldgehölzen, Knicks und Waldrändern. Im Herbst ziehen viele unserer heimischen Grünlinge nach Frankreich, Spanien und Nordafrika, doch kommen aus dem Nordosten Europas andere, um hier in Mitteleuropa zu überwintern. Sie kommen gern ans Futterhäuschen, wo sie meistens dominieren.
Fortpflanzung: Schon im März sind singende Grünlingsmännchen in ihren Brutrevieren anzutreffen. Die Weibchen scheinen sich etwas später einzufinden.
Hat sich ein Paar gebildet, beginnt auch schon Balz und Nestbau. Das Nest wird in ein Gebüsch oder in das Gezweig eines Baumes gesetzt, manchmal auch in Efeu oder wilden Wein an einer Häuserwand. Es kommt sogar vor, daß der Nestplatz zwischen den Pflanzen in Balkonkästen gewählt wird. Mehrere Paare brüten manchmal recht dicht beieinander.
An Niststoffen wird zweierlei genommen: als erstes grobes Material wie Zweigstückchen, feste Grashalme und Krautstengel als Unterbau und weiter Moos, feine Gräser, Tierhaare, Pflanzenwolle und Federchen für den Nestnapf und die Auspolsterung. Nur das Weibchen trägt das Nistmaterial herbei

Das Nest wird vom Grünlings-Weibchen aus vielen feinen Wurzelfasern gebaut. Damit die Eier warm und weich liegen, ist die Nestmulde mit Pflanzen- und Tierwolle gepolstert.

Junge Grünlinge am Tage des Schlupfes. Eins der Kleinen befreit sich gerade von der Eierschale.

und baut das recht umfangreiche Nest. Vom Männchen wird es überallhin begleitet und bei jeder Gelegenheit gefüttert. Bei der Balz läßt das Männchen die Flügel herabhängen, um seine gelben Spiegel zu zeigen. Es singt dabei eifrig.

Das Gelege besteht aus 4 bis 6 Eiern, die bläulichweiß oder cremeweiß sind und graue, braune sowie schwarze Punkte und Flecken aufweisen. Sie werden nur vom Weibchen bebrütet. Nach 12 bis 14 Tagen schlüpfen die Jungen, die anfangs nur vom Weibchen gefüttert werden, das wiederum vom Männchen versorgt wird. Dabei werden fast ausschließlich milchig-reife Sämereien verschiedener Wildkräuter gefüttert, vor allem die im Frühjahr und Frühsommer zur Verfügung stehenden wie Vogelmiere, Vogelknöterich, Löwenzahn, Hirtentäschel, Huflattich, Flockenblume, Gänsefuß und Rispengras, ferner sehr viel Stiefmütterchensamen. Manche Paare sollen auch etwas tierische Nahrung geben, vor allem Blattläuse.

Mit 14 bis 17 Tagen fliegen die Jungen aus, bei Störungen am Nest auch schon mit 12 bis 13 Tagen. In diesem Falle sind sie aber noch nicht flugfähig und werden häufig die Beute von Katzen, Raubwild, Elstern und Krähen, da sie in ihren Verstecken fast ununterbrochen rufen. Sie werden noch etwa 14 Tage von ihren Eltern gefüttert, jetzt überwiegend vom Vater.

Ab Juli beginnt die Mauserzeit, die im September abgeschlossen ist. Im Spätsommer und Herbst finden sich die Grünlinge an Beerensträuchern zusammen, vor allem an den Hagebutten der Rosenbüsche.

Haltung: Der Grünling gehört zu den am meisten gehaltenen einheimischen Vögeln. Er ist für die Zimmervoliere, besser noch für die Gartenvoliere bestens geeignet. Als widerstandsfähiger und wetterharter Vogel kann er auch in

der Gartenvoliere überwintert werden. Natürlich sollte dabei immer ein Schutzhaus oder eine vor Witterungseinflüssen geschützte Seite zur Verfügung stehen. Er ist ein lebhafter und interessanter Vogel, wenn er auch nicht mit besonderer Farbenpracht aufwarten kann. Auch sein Gesang kann nicht als besonders schön bezeichnet werden. In einer Gesellschaftsvoliere fühlt sich der Grünling wohl, er kann darin aber zu einem großen Unruhestifter werden. Manchmal jagt er seine Mitbewohner unablässig, so daß er aus der Voliere entfernt werden muß. Für die Brutzeit ist der Grünling am besten paarweise in einer kleineren Voliere unterzubringen.
Zucht: Diese gelingt sehr leicht. Als Nistplätze werden Kanarienkörbchen, Kaisernester, Sabelsche Nistklötze, Ginster- oder Heidekrauttaschen, vor allem aber kleine Nadelbäume erwählt. Die Nistkörbchen sollten deshalb mit Tannengrün besteckt werden. Nestbau, Balz, Eiablage, Brut und Aufzucht der Jungen wie oben im Abschnitt »Fortpflanzung«.
Sind die Jungen selbständig, dann beginnt für sie bis zur Vollendung der Mauser im Herbst eine schwere Zeit. Viele von ihnen magern ab, obwohl sie dann um so eifriger Futter aufnehmen. Sie sitzen aufgeplustert und apathisch herum und bekommen Durchfall. Dieser Krankheit fallen oft alle Jungvögel zum Opfer, während Altvögel nicht darunter zu leiden haben. Die Ursache dafür ist trotz Untersuchungen im In- und Ausland bisher nicht festgestellt worden. Eine bakterielle Darminfektion scheint erst als Sekundärkrankheit bei den bereits geschwächten Vögeln aufzutreten. Um diesem Problem auf die Spur zu kommen, sind noch viele Untersuchungen und Beobachtungen notwendig. Herr Dr. H. Groeneveld schreibt in der »Voliere« (Heft 1/1981) über verschiedene Medikamente, die er den erkrankten und gesunden Jungvögeln zur Vorbeuge gegeben hat, die aber keine entscheidende Erfolge brachten. Am besten hat noch eine ständige Verabreichung von geringen Mengen »Mai-Bacter« über das Trinkwasser geholfen. Einige der so behandelten Vögel haben die Jugendmauser überstanden.
Ernährung: Als Grundnahrung dient dem Grünling ein gutes Waldvogel-Mischfutter bzw. folgende Saaten einzeln gereicht: Negersaat, Rübsen, Leinsamen, Fichtensamen, Hanf (wenig), Mohn, Distel-, Kletten-, Salatsamen, Glanz, Hirse, Hafer (geschält) und Sonnenblumenkerne (wenig). Daß mehlhal-

Links: Das Grünlings-Weibchen füttert seine inzwischen 8 Tage alten Nestlinge mit halbreifen Stiefmütterchensamen.

Rechts: Fast passen die 6 Jungen nicht mehr in das Nest. Sie sind jetzt 15 Tage alt und kurz vor ihrem Ausfliegen.

tiger Samen wie Glanz, Hirse und auch Weizen in gekeimtem Zustand gern als Aufzuchtfutter genommen wird, ist vielen Züchtern nicht bekannt. Auch die Samen der Stiefmütterchen werden dann sehr gern genommen. Natürlich sind auch viele Wildkräuter mit halbreifen Samen begehrt, so Vogelmiere, Breitwegerich, Löwenzahn, Gänsefuß, Vogelknöterich, Huflattich, Flockenblume und viele andere. An Baumsämereien nimmt der Grünling neben Nadelholzsamen auch die Samen von Ulme, Eibe, Ahorn und Erle gern. Ferner ist er im Sommer und Herbst sehr auf Beeren erpicht. Neben den Hagebutten der Rosen sind dies Vogelbeeren, Brombeeren, Feuerdornbeeren und Schneebeeren. Dabei hat er es vor allem auf die Kerne und nicht auf das Fruchtfleisch abgesehen. An tierischer Nahrung ist der Grünling weniger interessiert. Manche nehmen zur Aufzucht Blattläuse, Ameisenpuppen, kleine Mehlwürmer und andere Insekten in kleiner Menge. Auch wurde schon Weich- und Aufzuchtfutter sowie Eifutter angenommen.

Besonderes: Den Grünling gibt es schon in einer Reihe von Farbmutationen. Vor allem in Belgien, aber auch in England und in Italien wird die Farbenzucht beim Grünling betrieben. So gibt es schon Lutinos, Braune und die Farben Achat, Isabell, Silber und Satinet. Die Farbspielarten Lutino, Braun und Achat werden geschlechtsgebunden vererbt. Von den Farben-Grünfinken gibt es trotz großer Zuchtbemühungen nur recht wenige, denn diese Vögel sind gegenüber ihren wildfarbenen Artgenossen in der Zeit ihrer Jugendmauser noch empfindlicher.

Stieglitz

(Carduelis carduelis)
auch Distelfink genannt
Engl.: Goldfinch, European Goldfinch

Kennzeichen: Länge 13 bis 15 cm, Flügellänge 74 bis 80 mm, Gewicht 16 bis 18 g. Männchen und Weibchen sind gleich gefärbt, s. Foto.
Rote Gesichtsmaske reicht vom Kinn bis zum Scheitel und umschließt beim Männchen die Augen, während sie beim Weibchen meistens nur bis zur Mitte der Augen reicht. Beim Weibchen sind die kleinen Flügeldecken nicht reinschwarz, sondern dunkel graubraun und tragen dunkelbraune Säume.
Jungvögel gelblichbraun und kräftig längsgestrichelt, vor allem auf der Unterseite. Noch keine schwarzweißrote Kopfzeichnung, jedoch schwarze Schwanz- und Flügelfedern, letztere mit gelben Binden.
Nestlinge haben hellgraue Dunen auf Kopf und Rücken, Rachen purpurrot, Schnabelrandwülste gelb.
Lautäußerungen: Ruft »stiglitt« auch im Fluge. Sonstige Rufe ein heiseres »ihz« und bei Gefahr langgezogenes »aaiiih«, auch ein scharfes »zidi«. Gesang sehr flüssig und meistens mit seinem Lockruf eingeleitet. Dieser kommt wieder zwischen den trillernden und zwitschernden Motiven vor.
Verbreitung und Lebensweise: Europa, außer im nördlichen Skandinavien, ferner Nordafrika, Madeira, Azoren und Kanarischen Inseln. Auch in Kleinasien, Iran, Afghanistan, dem westlichen Himalaya, Transkaspien, Turkistan bis zum Nordwesten der Mongolei und dem Norden und Westen Sibiriens.

In Australien, Neuseeland, auf den Bermudas und auf Long Island in den USA eingebürgert.
Bei uns ist der Stieglitz überall im Tiefland anzutreffen, und zwar vor allem in Obstgärten, in heckenreicher Feldlandschaft, an Waldrändern, auf Ödland und in Parkanlagen. Man findet ihn außerhalb der Brutzeit in Gruppen an Disteln und anderen Wildpflanzen, deren Samen er aus den Fruchtständen klaubt. Dafür ist er mit seiner Klettergewandtheit und mit seinem feinen spitzen Schnabel vortrefflich geeignet. Die weiter nördlich und östlich lebenden Stieglitze kommen im Herbst als Zugvögel nach Mittel- und Westeuropa. Die heimischen Vögel werden zumeist als Teilzieher auf der Suche nach lohnenden Wildkrautbeständen umherfliegen, vor Kälte und viel Schnee weichen sie in den Südwesten aus.
Fortpflanzung: Gegen Ende April kommt der Stieglitz in seine Brutheimat zurück. Er läßt sich in einem geeigneten Gebiet zu mehreren Paaren (2 bis 6) nieder, um in einer lockeren Kolonie zu brüten. Die Vögel einer »Kolonie« unternehmen die Nahrungssuche gemeinsam, fliegen auch zusammen zur Tränke und zum Baden. Nach Rückkehr in das gemeinsame Brutgebiet fliegt jedes Paar in sein eigenes kleines Territorium. Die Nester haben dabei durchschnittlich einen Abstand von 40 m zueinander. Sie werden hoch (2 bis 15 m) in Büschen oder auf Bäumen gebaut, meistens weit außen auf den Zweigen. Das Weibchen baut alleine und trägt auch die Niststoffe herbei. Das Männchen begleitet es allerdings auf allen Flügen. Es füttert sein Weibchen auch sehr eifrig und balzt, indem es die Flügel hängen läßt und sich hin und her wendet. Dadurch zeigt es dem Weibchen abwechselnd die leuchtend gelben Binden beider Flügel. Die Paarung findet meistens danach auf einem Zweig statt.
Für die Herstellung des sehr festen, tiefen Napfnestes werden Halme, Gräser, Wurzelfasern, Flechten, Moos, Gespinste sowie Pflanzenwolle, Haare und Federchen verwendet. Innerhalb einer Woche ist es meistens fertiggestellt und das erste Ei gelegt. Das vollständige Gelege besteht aus 4 bis 6 Eiern, die bläulichweiß sind und rötliche bis schwarzbraune Punkte, Flecke und Kritzel haben, vor allem am stumpfen Ende. Nur das Weibchen brütet und wird während dieser Zeit vom Männchen fleißig gefüttert. Nach 12 bis 13 Tagen schlüpfen die Jungen. An den ersten Tagen übergibt das Männchen das Futter an das Weibchen, das das Futter dann an die Nestlinge weitergibt. Später füttert das Männchen auch direkt und übernimmt nach dem Ausfliegen der Jungen mit 15 bis 16 Tagen deren Versorgung fast vollständig. Meistens haben die Stieglitze zwei Jahresbruten.
Haltung: Der Stieglitz ist stets einer der beliebtesten Finkenvögel gewesen. Er eignet sich gut für den großen Käfig sowie für die Zimmer- und Gartenvoliere. Letztere kann er ganzjährig bewohnen, wenn bei starkem Frost, Sturm und Nässe ein Schutzhaus zur Verfügung steht. Sonst ist er sehr widerstandsfähig und ausdauernd. Ein Alter von 12 und 14 Jahren ist schon öfter erreicht worden. Er kann auch sehr zutraulich werden und ist dann meist auch ein fleißiger Sänger. Den anderen Finken-

Stieglitze leben als Paar eigentlich sehr friedlich und harmonisch zusammen, wenn es auch hin und wieder zu harmlosen Schnabelgefechten kommt.

vögeln gegenüber ist er meistens friedlich, ist allerdings futterneidisch, weshalb er die Mitbewohner gern vom Napf fortjagt.

Zucht: Die Zucht des Stieglitzes ist schon häufig gelungen, doch einfach ist sie keinesfalls. Am leichtesten gelingt sie in einer Voliere, die gut mit Ginstergestrüpp, Nadelholzzweigen und anderen natürlichen Sitz-, Versteck- und Nistgelegenheiten ausgestattet ist. Auch ist es ratsam, das Paar lieber für sich in einer kleineren Voliere oder in einem sehr geräumigen Käfig (mindestens 120× 60 × 80 cm) unterzubringen, als mit anderen Vögeln in einer größeren Gemeinschaftsvoliere; die Aussichten auf einen Zuchterfolg sind dann weit besser. Anderenfalls stören sich die Paare häufig, zerpflücken sich gegenseitig die Nester, um diese als Nistmaterial für das eigene Nest zu nehmen.

Am besten werden in der Stieglitz-Voliere mehrere Nestunterlagen, Kanariennistkörbchen und Sabelsche Nistklötze, gut mit Tannengrün verkleidet, in verschiedener Höhe aufgehängt. An Nistmaterial sind weiche Gräser, Wurzelfasern, Moos, Kokos- und Sisalfasern, Scharpie sowie Tierhaare, Schafswolle,

Der Zeisig, hier ein Männchen beim Abflug, ist ein hübscher, aufgeweckter und recht leicht züchtbarer Pflegling.

Pflanzenwolle (vor allem Distelwolle aus dem Vorjahr) beliebt. Nur das Weibchen trägt das Nistmaterial herbei und baut das Nest. Das Männchen füttert es jetzt aber viel und begleitet es stets. Brut- und Nestlingsdauer wie in der Natur. Bei mehreren Züchtern beteiligte sich das Stieglitzmännchen nicht an der Fütterung der Nestlinge.

Ernährung: Neben einem gutem Waldvogelmischfutter nimmt der Stieglitz von den handelsüblichen Sämereien besonders gern Negersaat, Salatsamen, Distelsamen, Fichtensamen, ferner Mohn und Nachtkerzensamen. Von diesen Futterarten sollte ein Teil auch gekeimt gegeben werden. An Wildsämereien sind Löwenzahn, Vogelmiere, Huflattich, Wiesenflockenblume, Wegwarte, Gänsedistel, Gänsefuß, Klette, Kratzdistel, Vogelknöterich, Wiesenknopf, Karde, Rispengras, Birke, Erle, Platane und Lärche begehrt. Für die Aufzucht der Jungen sind möglichst viele verschiedene Wildkräuter in halbreifem Zustand zu reichen, ebenso Keimfutter. Die meisten Stieglitze füttern ihre Jungen an den ersten Tagen mit tierischer Nahrung. Am liebsten nehmen sie Blattläuse, aber auch Ameisenpuppen, kleine Mehlwürmer, Getreideschimmelkäfer-Larven, Pinkymaden. Eifutter, Weich- und Aufzuchtfutter wird von einigen Paaren ebenfalls aufgenommen.

Zeisig

(Spinus spinus)
auch Erlenzeisig genannt
Engl.: Siskin, European Siskin

Kennzeichen: Länge 12 cm, Flügellänge 69 bis 75 mm, Gewicht 12 bis 15 g. Männchen und Weibchen unterschiedlich gefärbt, s. Foto.

Jungvögel dem Weibchen ähnlich, aber noch bräunlicher und stärker gestrichelt. Die Geschlechter lassen sich schon im Jugendkleid unterscheiden, da die Männchen schon intensiver gelb gefärbt sind (G. A. Radtke in »Die Voliere«, 3/1979).

Nestlinge haben hellgraue Dunen auf dem Kopf und Rücken. Sperr-Rachen blutrot, umgeben von gelben Schnabelwülsten.

Lautäußerungen: Ruft »tieh« oder »diäh«, im Fluge »tet« und gereiht »tet-tet-tet«. Der Gesang ist ein kurzes lebhaftes Zwitschern, mit langgezogenem etwas quäkendem Endlaut.

Verbreitung und Lebensraum: Nord- und Mitteleuropa, ferner Asien.

Fast immer hält der Zeisig sich in Fichtenwäldern auf. Im Spätsommer, Herbst und Winter allerdings, wenn er in Trupps oder kleinen Schwärmen umherstreift, ist er auch viel in Laub- und Bruchwald anzutreffen, vor allem in Birken- und Erlenbeständen. Aus seiner Vorliebe für die Samen der Erlen entstammt auch sein gebräuchlicher Name.

Wanderungen unregelmäßig, manchmal invasionsartig im Herbst vom Norden

und Osten nach Mittel- und Westeuropa, ausnahmsweise sogar bis in die Mittelmeerländer und nach Nordafrika.
Fortpflanzung: Balz und Nestbau des Zeisigs beginnen meistens Mitte April, manchmal schon gegen Ende März. Der noch kurz zuvor gesellige und ständig zwitschernd umherziehende Vogel wird plötzlich heimlich und versteckt sich in die Wipfel hoher Fichten. Nur mit viel Glück können wir die Männchen beim Balzflug über den Baumwipfeln beobachten. Singend, mit gespreiztem Schwanz und aufgeplustertem Gefieder fliegt er mit großen Flügelschlägen im Kreise. Dann setzt er sich wieder zum Weibchen und schnäbelt viel mit ihm. Immer häufiger füttert er nun das Weibchen mit Futter, das es aus dem Kropf hochwürgt. Zur Paarung kommt es meistens nach der Balz. Das Weibchen duckt sich, läßt die Flügel etwas hängen und fordert das Männchen unter leisen Zirptönen auf.
Das Nest wird auf den äußeren Enden der Zweige, hoch in die Kronen der Fichten errichtet. Nur ganz selten wird es einem Laubbaum anvertraut, etwa einer Birke, Pappel oder Eberesche. In den für uns unzugänglichen dünnen Zweigen ist das Nest so gut versteckt, daß es fast unauffindbar ist. Aus vielerlei Materialien wird es kunstvoll zusammengefügt. Als feste Grundlage dienen Zweigstückchen, Wurzelfasern und Grashalme. In sie hinein werden Flechten, Rindenstückchen, Moos und Blattstückchen gearbeitet. Für Zusammenhalt und Festigkeit dienen Spinngewebe und Raupengespinste, zur Auspolsterung Federchen, Tierhaare und Pflanzenwolle.
Den Nistplatz sucht das Weibchen aus, das auch alleine das Nistmaterial herbeischafft und verbaut. Das Männchen fliegt nur zur Begleitung mit und sitzt sonst singend in der Nähe.
Das Gelege besteht meistens aus 4 bis 5, seltener aus 6 Eiern, die bläulichweiß mit wenigen dunkelbraunen und rötlichen Flecken sind, die sich am stumpfen Ende häufen. Nur das Weibchen brütet, wobei es nach dem Legen des vorletzten Eies fest sitzt. Nach 12 bis 14 Tagen schlüpfen die Jungen. Während des Brütens und in den ersten Lebenstagen der Nestlinge füttert das Männchen sehr zuverlässig sein Weibchen. Dieses gibt das Futter an die kleinen Nestlinge weiter. Mit 14 bis 15 Tagen verlassen sie schon das Nest. Dann werden sie überwiegend und bald ausschließlich vom Männchen versorgt; das Weibchen beginnt dann oft schon mit dem Bau des zweiten Nestes. Die zweite Brut findet ab Mai/Juni statt. Ab Juli ist dann der Familienverband komplett, bestehend aus den Jungen beider Bruten und den Eltern. Die Vögel ziehen dann in der näheren und weiteren Umgebung umher. So können schon im Sommer kleine Zeisiggesellschaften beobachtet werden.
Haltung: Der Zeisig ist ein besonders gut für die Haltung geeigneter Vogel. Er ist lebhaft, stellt aber keine zu großen Raumansprüche und ist anderen Vögeln gegenüber friedlich. Auch wird der Zeisig schnell zahm, ist nicht kälteempfindlich und läßt sich darum auch ganzjährig gut in der Gartenvoliere halten, sofern ein Schutzraum zur Verfügung steht. In menschlicher Obhut wird der Zeisig häufig 10 bis 12 Jahre alt, von denen er viele Jahre lang Junge groß-

zieht. Sein Gesang ist zwar bescheiden, wird aber unermüdlich vorgetragen. Käfig und Voliere sollten mit Naturzweigen ausgestattet sein, auch mit dünnem Birkengezweig, an dem der Zeisig gerne turnt. An den lebenden Büschen und Bäumen in der Voliere vergreift er sich weniger als die meisten anderen Finkenvögel.

Zucht: Sie gelingt recht leicht, sowohl im großen Käfig und in der Zimmervoliere, als auch in der Gartenvoliere. Bei der Unterbringung in einer Gemeinschaftsvoliere mit anderen Waldvögeln sind Mißerfolge durch Störungen möglich, obwohl ein Zeisigpaar sich kaum bei seinem Brutgeschäft stören läßt. Am besten gelingt die Zucht, wenn das Paar für sich eine kleine Voliere bewohnen darf. Für Nistgelegenheiten in Form von Sabelschen Nistklötzen, Kaisernestern, napfförmigen Nistkörbchen, aber auch für einige dichte Nadelbäume und dichtes Gebüsch ist zu sorgen. In Käfigen und Innenvolieren können Zweige von Kiefern, Douglas- und Nordmanntanne zum Herrichten eines Verstecks benutzt werden. Diese Zweige verlieren nämlich nicht ihre Nadeln, sondern bleiben ein guter Sichtschutz für die Vögel sowie eine feste Unterlage für ihr Nest.

Im April oder Mai beginnt das Weibchen sich für einen Nestplatz zu interessieren. Es schleppt Nistmaterial umher, bis es einen passenden Platz gefunden hat. Dann baut es innerhalb weniger Tage das Nest. An Nistmaterial werden Kokosfasern, Grashalme, Wildkrautstengel, Wurzelfasern, Moos und Flechten genommen, ferner Tierhaare, Tier- und Pflanzenwolle, manchmal auch Federchen. Das Männchen trägt kein Nistmaterial zu, es baut auch nicht selbst. Während der ganzen Zeit singt es aber sehr eifrig und füttert sein Weibchen, vor allem wenn dieses brütet. Wie W. Mohr in der »Gefiederten Welt« (Heft 9/75) berichtet, lockt das Weibchen mit wispernden Tönen das Männchen zum Nest und bettelt mit zitternden Flügeln, ähnlich wie es die Jungvögel tun.

Das Weibchen brütet alleine die 4 bis 6 Eier aus. Dies dauert 12 bis 15 Tage. Auch die Jungen bleiben ca. 14 Tage lang im Nest. Danach werden sie überwiegend vom Männchen gefüttert, während das Weibchen auf dem zweiten Gelege brütet. Die Jungen sind mit etwa 4 Wochen selbständig. Mit 3 Monaten sind sie schon in das Erwachsenenkleid gemausert. Die jungen Männchen singen zu der Zeit bereits fleißig.

Ernährung: Neben einem Mischfutter, trocken und gekeimt, das vor allem Negersaat, Leinsamen, Rübsen, wenig Hanf, Mohn, Salatsamen, Distelsamen, Nadelholzsamen, Nachtkerzensamen und etwas Glanz enthält, sind verschiedene Wildsämereien zu geben. Besonders gern werden die Samen von Löwenzahn, Gänsedistel, Vogelmiere, Hirtentäschel, Sauerampfer, Kratzdistel, Vogelknöterich, aber auch von verschiedenen Gräsern genommen. Ferner sind die Samen von Erlen, Birken, Lärchen und Platanen gefragt, besonders dann, wenn der Zeisig sie aus den Zapfen bzw. Samenständen herausklauben muß. An Lebendfutter, vor allem zur Aufzucht der Jungen, werden Blattläuse, Ameisenpuppen, kleine Mehlwürmer, Getreideschimmelkäfer-Larven, glatte Räupchen und Wiesenplankton genommen.

Oben: Das Weibchen des Birkenzeisigs hat nur etwas Rot auf der Stirn.

Unten: An seiner hübsch rot gefärbten Kehle und Brust ist das Männchen des Birkenzeisigs gut zu erkennen.

Als Ersatz kann auch hartgekochtes Eigelb gegeben werden, ferner ein insektenhaltiges Weichfutter. Dieses wird anfangs nur zögernd genommen. Wird es aber mit kleinen lebenden Insekten und mit Mohn vermischt, nimmt der Zeisig es ebenfalls gut auf.

Birkenzeisig
(Acanthis flammea)
auch Birkenhänfling, Tschätscher, Karminhänfling, Flachsfink, Leinfink und Meerzeisig genannt
Engl.: Redpoll

Kennzeichen: Länge 13 bis 15 cm, Flügellänge bei Männchen 72 bis 78 mm, bei Weibchen 69 bis 76 mm, Gewicht 14 bis 16 g.
Männchen und Weibchen unterschiedlich gefärbt, s. Foto.
Jungvögel streifiger. Kinn nicht schwarz, sondern weißlichgrau. Auch fehlt noch alles Rot.
Nestlinge tragen dunkelgraue Dunen, haben roten Sperr-Rachen, gelbe Schnabelwülste.
Lautäußerungen: Lockruf klingt wie »tschäd-dschäd-dschäd-schä«. Gesang ziemlich tonloses leises Trillern, Twitschern und Klirren, in das viele Locktöne gemischt werden.
Verbreitung und Lebensraum: Subarktische Gebiete Europas, Asiens und Nordamerikas. In Skandinavien nordwärts bis zur Baumgrenze, südwärts bis zum südlichen Norwegen, Mittelschweden und Mittelfinnland. In Ostpreußen, den baltischen Ländern und in Rußland nördlich von Leningrad ist er ebenfalls Brutvogel, desgleichen auf Grönland, Island und den Britischen Inseln. Die Unterart *A. f. cabaret* ist im Alpengebiet heimisch und wurde schon im Erzgebirge und in Schlesien brütend gefunden.
Den Lebensraum dieses hübschen kleinen Zeisigs bilden lockere Waldgebiete von Birken, Erlen, Weiden, Lärchen und Fichten, unterbrochen von freien Tundrenflächen. Ebenso kommt er in den großen geschlossenen Birken- und Erlenwäldern vor.
Zieht im Winter regelmäßig bis Ostpreußen, Schlesien, Pommern und Mecklenburg. Nach Schleswig-Holstein und anderen Gebieten im Westen

Deutschlands kommt der Birkenzeisig unregelmäßig, dann aber meistens in großen Scharen (Invasion). Im November und Dezember treffen die Vögel hier ein. Sie streifen bis März oder April in Parkanlagen, Bruchwäldern, Auwäldern und Niederungen mit Erlen- und Birkenbeständen herum. Dabei befinden sie sich häufig in Gesellschaft von Zeisigen und Stieglitzen. Meisenhaft hängen sie an den dünnen Zweigen, um an die Fruchtstände zu gelangen. Geschickt turnen sie im Gezweig umher und lassen ständig ihre Kontaktrufe hören.

Fortpflanzung: Von Mai bis Juli erstreckt sich die Brutperiode der Birkenzeisige. Aus dem Freileben ist kaum etwas über Balz und Anpaarung bekannt. Allerdings fliegen die Männchen im Frühjahr öfter über den Baumwipfeln flatternd und kreisend, was als Teil der Balz gilt; da sie gesellig brüten, kann dieses Balzfliegen nicht zur Revierverteidigung dienen.

Das Nest wird vom Weibchen in Bäumen oder Büschen gebaut, meistens in 4 bis 5 m Höhe. Wo im Gebirge oder im Norden Skandinaviens keine höheren Bäume mehr wachsen, wird das Nest in Bodennähe in Zwergweiden, Krüppelkiefern oder Krüppelbirken gebaut oder auch direkt auf den Boden zwischen Heidekraut, Grasbüscheln und Steinen. Es wird aus dünnen Reisern, Halmen, Wurzelfasern und Moos zusammengefügt und mit Haaren, Federchen und Pflanzenwolle gepolstert. Beim Herbeitragen des Nistmaterials begleitet das Männchen sein Weibchen. Die 4 bis 6 Eier sind blaß grünlich bis bläulich und tragen eine Anzahl rotbrauner Punkte und Flecke. Sie sind in unseren Breiten meistens im Mai im Nest, in Nordskandinavien Ende Mai oder Anfang Juni. Dort wird nur eine Brut im Jahr durchgeführt, während bei uns auch zwei Bruten erfolgen können. Das Weibchen alleine brütet. Nach 12 bis 15 Tagen schlüpfen die Jungen. Sie haben dunkelgraue Dunen auf der Oberseite. Der Rachen ist rot mit zwei hellen Flecken, die Schnabelrandwülste sind gelblichweiß. An der Fütterung der Jungen beteiligt sich das Männchen. Nach 13 bis 16 Tagen fliegen die Jungen schon aus. Sie werden dann noch 1 bis 2 Wochen lang von den Eltern gefüttert.

Nach der Brutzeit ist der Birkenzeisig in kleinen Familiengruppen anzutreffen, die sich bald zu Schwärmen mit weiteren Familien zusammenschließen. Oft brüten die Birkenzeisige auch in lockeren Kolonien, so daß sie ständig in großer Zahl beisammen sind.

Haltung: Dieser sehr bewegliche und lebhafte Vogel ist am besten in einer großen Zimmer- oder Gartenvoliere untergebracht, und zwar als Paar in Gesellschaft von Hänflingen, Stieglitzen, Zeisigen und Girlitzen. Werden in der Voliere öfter frische Zweige von Erlen oder Birken angebracht, fühlt er sich besonders wohl. Er wird leicht zutraulich und ist wenig anspruchsvoll. Leider ist er kein besonders guter Sänger. Den Winter über kann der Birkenzeisig in der Gartenvoliere bleiben, wenn er jederzeit ein Schutzhaus aufsuchen kann. Dagegen sollte er es in einer Zimmervoliere nicht zu warm haben, damit er nicht verweichlicht und später Stoffwechsel- und Mauserschwierigkeiten bekommt. Sonst ist er ein widerstands-

fähiger Vogel, der gesund und munter 10 und mehr Jahre in menschlicher Pflege lebt.
Zucht: Sie gelingt am besten, wenn das Paar alleine in einer kleineren Gartenvoliere untergebracht ist. Balz, Anpaarung und Nestbau erfolgen Ende April, Anfang Mai. Das Weibchen läßt sich dann vom Männchen füttern. Während das Weibchen das Nest baut, duldet es das Männchen nicht in der Nähe (H. Busse, »Die Voliere« Heft 3/1982). Sonst aber begleitet es das Weibchen überall hin. Als Nistmaterial werden Kokos- und Sisalfasern, weiche Grashalme, Wurzelfasern und Moos genommen. Aus diesen Materialien wird das Nest zu einem festen Napf geformt. Ausgepolstert wird es mit Scharpie, Federchen, Haaren, Tier- und Pflanzenwolle. Das Weibchen brütet sehr fest und verläßt das Nest nur kurz zur Entleerung und Futteraufnahme. Bei H. Busse fütterten beide Eltern überwiegend die Samen des Löwenzahns, die sie aus den Samenköpfen herausklaubten. Ferner wurden Samen des Sauerampfers und, bei der zweiten Brut, die der Ackerkratzdistel an die Jungen verfüttert. Nach dem Ausfliegen versorgt das Männchen überwiegend die Jungen.
Ernährung: Außer einem Waldvogelmischfutter sind die Samen von Birken, Erlen, Löwenzahn, Vogelmiere, Sauerampfer, Wegwarte, Kratzdisteln, Wiesenknopf, Vogelknöterich und Beifuß willkommen. Außerdem werden Mohn, Salatsamen und sogar in Milch stehender Hafer gern genommen. Während der Aufzucht erhalten die Jungen auch etwas tierische Nahrung, vor allem Blattläuse. Aber auch Ameisenpuppen, frisch oder getrocknet, kleine Mehlwürmer und Getreideschimmelkäfer-Larven, ferner Enchyträen und kleine unbehaarte Raupen können angeboten werden.

Hänfling
(Linaria cannabina, Syn.: *Carduelis* bzw. *Acanthis cannabina)*
auch Bluthänfling oder Flachsfink genannt
Engl.: Linnet

Kennzeichen: Länge 13,5 bis 15 cm, Flügellänge 77 bis 82 mm, Gewicht 17 bis 19 g. Männchen und Weibchen unterschiedlich gefärbt.
Dem Weibchen fehlt alles Rot.
Jungvögel dem Weibchen ähnlich, noch streifiger. An Kinn und Kehle ungestreift.
Nestlinge tragen oberseits lange hellgraue Dunen, Sperr-Rachen ist rosarot, Schnabelrandwülste hellgelb.
Lautäußerung: Flugruf »gigigi«, Lockruf »gäckgäck«. Gesang melodien- und abwechslungsreich, durchsetzt mit Krählauten und Lockrufen.
Verbreitung und Lebensraum: Außer im Norden Skandinaviens und Island in Europa, ferner Nordafrika, auf den Kanarischen Inseln und auf Madeira. Von Kleinasien bis zum Altai, ferner im südwestlichen Sibirien.
Der Hänfling lebt die offene Feldlandschaft, die gut mit Gebüsch und Hecken durchsetzt ist. Auch Heiden, Dünen, weiträumige Parkanlagen, Friedhöfe und Weinberge zählen zu seinem bevorzugtem Lebensraum. Den Wald meidet er, das Tiefland liebt er mehr als die Berge.

Viel Geduld ist erforderlich, den Hänfling zu züchten, da seine Bestände in der Natur stark abnehmen.

Meistens ist der Hänfling in kleinen Flügen anzutreffen. Selbst zur Brutzeit nisten manche Paare noch beieinander. Im Spätsommer und Herbst, wenn sie umherstreichen oder nach Südwesteuropa abwandern, bilden sie auch größere Schwärme. Sie besuchen dann gerne die abgeernteten Äcker, vor allem Stoppelfelder, um sich an den Samen der Wildkräuter gütlich zu tun. Durch die Anwendung von Herbiziden versiegt diese wichtige Nahrungsquelle des Hänflings immer mehr. Durch diesen Mangel an Nahrung und durch direkte Vergiftung ist er in letzter Zeit in seinem Bestand sehr zurückgegangen.

Fortpflanzung: Ende März/Anfang April kehren die Hänflinge gewöhnlich bereits in ihre Brutheimat zurück. Sie machen sich durch ihr ständiges Klingeln und Trillern bemerkbar. Die Paare suchen sich eigene Brutreviere und finden auch nahe beieinander geeignete Nestplätze in einer Hecke, in Ginsterbüschen, in einer Fichtenschonung, aber auch in Heidekraut, Binsen- oder Grasbüscheln. Während der Balz spreizt das Männchen den Schwanz und läßt die Flügel hängen. Die Paarung findet auf einem Zweig statt. Währenddessen läßt das Weibchen wispernde Laute hören.

Das Weibchen baut das Nest und wird dabei vom Männchen begleitet. Zumeist ist das Nest innerhalb 3 Tagen fertiggestellt. Es werden als Nistmaterial kleine Zweige, Krautstengel, Grashalme, Wurzelfasern, Moos und Flechten verwendet. Zur Auspolsterung bringt das Weibchen Pferdehaare, Tier- und Pflanzenwolle, Federchen und ganz feine Fasern herbei. Meist sind es 5 Eier, die blaßblau gefärbt sind und hellbraune und rostrote Punkte sowie violette Flecke tragen, vor allem am stumpfen Ende. Es können auch einzelne ungefleckte Eier in einem Gelege sein.

Das Weibchen brütet fast ausschließlich, wird aber manchmal abends für kurze Zeit vom Männchen abgelöst. Nach 12 bis 14 Tagen schlüpfen die Jungen. Sie werden von beiden Eltern gefüttert, wenn anfangs oft auch nicht vom Männchen direkt, vielmehr gibt dieses das Futter an sein Weibchen weiter, das ja auch in der ersten Woche fast die ganze Zeit hudernd auf den Jungen sitzt. Danach fliegen beide Eltern gleichzeitig auf Futtersuche und versorgen auch gleichzeitig die Jungen. Das Futter, fast ausschließlich frischreife Sämereien der verschiedensten Wildkräuter, die auf Wiesen, Äckern, an Feldrändern und auf Ödland wachsen, wird im Kropf zum Nest transportiert und den Jungen in ihren Rachen gepumpt. Dabei gedeihen

die Jungen prächtig und sind mit 12 bis 14 Tagen schon so weit, daß sie das Nest verlassen können. Sie werden noch 1 bis 2 Wochen lang weitergefüttert, nun überwiegend vom Männchen. Das Weibchen hat dann meistens schon ein neues Nest gebaut und zu brüten begonnen.
Es werden zwei, manchmal sogar drei Bruten im Jahr durchgeführt. Fällt die erste in den April und die zweite Ende Mai/Anfang Juni, können im August weitere Junge flügge werden. G. Bachschmidt teilt in der »Gefiederten Welt« (Heft 11/1954) mit, wie er fast flügge junge Hänflinge am 15. August in einem Nest fand, das in einem Strudel des gefallenen Roggens gebaut war. Da der Roggen gemäht werden sollte, setzte Bachschmidt das Nest in ein angrenzendes Kartoffelfeld um, wo die Eltern die Jungen auch weiterfütterten.
Ab Ende August gehen die Altvögel in die Vollmauser, während die Jungvögel zur selben Zeit ihre Jugendmauser beginnen, bei der sie mit einer Teilmauser nur das Kleingefieder wechseln. Etwa Mitte Oktober ist der Gefiederwechsel beendet.
Haltung: Der Hänfling gehört seines schönen Gesangs und seines guten Aussehens wegen zu den beliebtesten Finkenvögeln. Seine Ernährung ist nicht problematisch. Allerdings ist er ziemlich scheu und bleibt es auch lange. Oft wird er erst nach 2 bis 3 Jahren zutraulicher. Für ihn ist eine große Garten- oder Zimmervoliere ideal. Dort kommen sein schöner Flug und sein anmutiges Wesen am besten zur Geltung. In der Gartenvoliere kann er das ganze Jahr über gehalten werden, wenn ein Schutzraum zur Verfügung steht. Soll er im Käfig gehalten werden, muß dieser wenigstens 1 m lang, 80 cm hoch und 60 cm tief sein. Ein Kistenkäfig ist am besten geeignet, denn in einem Käfig, der an allen Seiten und vor allem oben mit Drahtgitter versehen ist, zeigt er sich unruhig, schlägt mit den Flügeln und verdreht den Kopf nach oben oder hinten. In einer Gemeinschaftsvoliere fühlt er sich wohl, da er sich gut mit allen anderen Vögeln verträgt, selbst als Paar mit weiteren Vögeln der gleichen Art.
Der Hänfling verliert in der Obhut des Menschen leicht seine rote Färbung. Heute kann mit Farbzusätzen *(Carotinoiden)* geholfen werden. Es hat sich gezeigt, daß Vögel, die in sehr großen Gartenvolieren leben, das Rot viel besser halten, als solche in kleineren Anlagen. Das läßt darauf schließen, daß der Stoffwechsel bei mehr Bewegung weit besser angeregt wird, also auch besser die Farben ausbildet.
Zucht: Obwohl der Hänfling seine Jungen ausschließlich mit Sämereien großzieht, also leichter zu ernähren ist als die meisten anderen Finkenvögel, sind Zuchterfolge seltener. Dies mag mehr mit seiner großen Scheu zusammenhängen, vielleicht auch mit der Tatsache, daß nicht jedes willkürlich zusammengesetzte Paar miteinander harmoniert. Hat sich aber ein Paar zusammengefunden, dann ist es in der Aufzucht recht zuverlässig. Das Männchen folgt dann dem Weibchen ständig und füttert es. Ist das Nest fertig und das Weibchen brütet, dann ist die Fürsorge des Männchens besonders groß. Das Weibchen verläßt das Nest nur ganz selten für kurze Zeit, um sich zu entleeren und

etwas Bewegung zu bekommen. Sind nach rund 14 Tagen die Jungen geschlüpft, werden sie fast eine Woche lang vom Weibchen gehudert. Das vom Männchen herangebrachte Futter gibt das Weibchen an die kleinen Nestlinge weiter. Es verläßt nach einigen Tagen immer häufiger das Nest, um selbst Futter zu suchen. Nun füttert das Männchen die schon herangewachsenen Nestlinge direkt. Nach deren Ausfliegen ist es ein sehr treusorgender Vater. Sind die Jungen etwa 8 bis 10 Tage später selbständig, sollten sie in eine andere Voliere gesetzt werden, denn sie fliegen sonst häufig zum Weibchen, das bereits wieder im Nest brütet, wobei die Eier beschädigt werden können oder gar herunterfallen.
Ernährung: Alle Sämereien von Feld- und Wiesenkräutern sind hervorragende Nahrung für den Hänfling, vor allem für die Aufzucht der Jungen. Besonders beliebt sind die Samen von Sauerampfer, Bocksbart, Flockenblume, Gänseblümchen, Gänsefuß, Hahnenfuß, Löwenzahn, Huflattich, Knöterich, Distel, Melde, Vogelmiere, Ackersenf, Wegwarte. Außerdem nimmt er an käuflichen Sämereien besonders gern Leinsamen, Rübsen, Nachtkerzensamen, Mohn, Hanf und Salatsamen. Hanf sollte allerdings nur sehr wenig gegeben werden.

Girlitz
(Serinus serinus)
Engl.: Serin, Common Serin

Kennzeichen: Länge 11 bis 12 cm, Flügellänge beim Männchen 69 bis 75 mm, beim Weibchen 65 bis 73 mm, Gewicht 11 bis 13 g. Männchen und Weibchen ähnlich, s. Foto.
Das Weibchen hat viel weniger Gelb, oberseits ist es dunkelbraun, unterseits mit starker dunkler Längsstrichelung.
Nestlinge haben hellgraue Dunen auf Kopf und Rücken, einen dunkelroten Rachen und gelbe Schnabelrandwülste.
Lautäußerungen: Flugruf »girlitt«, lockt »djüi« und »triü«. Gesang schwirrendes, sirrendes Zwitschern, langanhaltend, auch im Balzflug vorgetragen.
Verbreitung und Lebensraum: Mittelmeerländer sowie Türkei. Seit einigen Jahrzehnten breitet er sich nach Norden aus. Gegenwärtig kommt er als Brutvogel im gesamten westlichen Europa, außer Großbritannien und Irland, bis nach Dänemark und dem südwestlichsten Schweden, ferner in Osteuropa bis Leningrad, Kiew und Odessa vor.
Im Norden und Osten Zugvogel, im Süden Standvogel. Zieht im September oder Anfang Oktober fort, um in Süd- und Südwesteuropa zu überwintern. Im April kehrt er wieder in seine Brutreviere zurück, dies sind Gärten und Parkanlagen in den Vorstädten, Friedhöfe, Alleen, Feldgehölze, sowohl in der Ebene wie im Gebirge (hier kommt er bis in Höhen zwischen 1000 und 2000 m vor).
Fortpflanzung: Ab Mitte April kann das Männchen häufig bei seinen Balzflügen beobachtet werden. Mit aufgeplustertem Gefieder fliegt es senkrecht hoch um dann in einem flatternden Kreisflug wieder herabzukommen. Während dieses Fluges läßt es ununterbrochen seinen Gesang hören. Außerdem singt es

Wird das Girlitz-Pärchen in einer kleinen Gartenvoliere für sich alleine untergebracht, dann sind die Chancen, daß es Junge großzieht, sehr gut.

viel von einer erhöhten Warte aus, von einer Baumspitze, einem Telegraphenmast oder einer Fernsehantenne. Mit dem Gesang und, wenn nötig, mit Gejage werden Rivalen aus dem Revier ferngehalten. Gleichzeitig wird mit dem Gesang ein Weibchen angelockt und in Brutstimmung gebracht. Der Neststandort wird vom Weibchen bestimmt, das auch alleine das Nest baut. Während das Weibchen Nistmaterial sucht und herbeiträgt, wird es vom Männchen begleitet. Auch wird es von ihm während dieser Zeit und während der Brut aus dem Kropf gefüttert.

Das Nest wird aus trockenen Grashalmen, Wurzelfasern und Flechten ganz fest zusammengefügt; es ist ein sehr kleiner, verfilzter Napf. Meistens wird es in Astgabeln von Laubbäumen in 2 bis 4 m Höhe angelegt, manchmal auch in hohem Gebüsch. Auch dicht am Stamm, in den Verzweigungen der Äste, wird es gebaut und ist dann besonders gut getarnt, da die Flechten und das Moos an seiner Außenseite mit der Rinde des Baumes nahezu übereinstimmen. Am liebsten wählt das Girlitzweibchen Obstbäume als Neststandort, auch Weinstöcke, Flieder- und Holunderbüsche, aber auch andere Laubbäume sowie Kiefern und Lebensbäume.

Das Weibchen brütet allein auf den 4 bis 5 Eiern, die weißlichblau sind und rostrote Punkte und Kritzel aufweisen, sowie lilagraue Flecke, die sich am stumpfen Ende häufen. Nach 12 bis 14 Tagen schlüpfen die Jungen. An der Fütterung der Nestlinge beteiligen sich beide Eltern. Meistens kommen sie gemeinsam zum Nest, um den Kropfinhalt in die dunkelroten Rachen der zuerst fast nackten und blinden Jungen zu stecken. Die Nahrung besteht aus allerlei zarten Sämereien und grünen Pflanzenteilen. Während sie im allgemeinen als reine Vegetarier angesehen werden, gibt es in letzter Zeit auch Hinweise darauf, daß

sie auch kleine, zarte Insekten aufnehmen, etwa Blattläuse.
Die Jungen verlassen mit 14 bis 16 Tagen das Nest. Sie werden dann noch 1 bis 2 Wochen lang von den Eltern geführt. Danach beginnt das Paar noch eine zweite Brut. Die erste wird meistens Ende April oder im Mai begonnen, die zweite im Juni. Für den Rest des Sommers streift dann die Girlitzfamilie in der Gegend umher. Die Eltern machen ab August ihre Vollmauser durch, die Jungvögel die Mauser des Kleingefieders.
Haltung: Der Girlitz ist ein sehr dankbarer Vogel für die Zimmer- und die Gartenvoliere. Er bleibt viele Jahr lang vital und gesund und wird auch sehr zutraulich. Den Mitbewohnern gegenüber ist er friedlich, ausgenommen anderen Artgenossen gegenüber während der Brutzeit. Seinen Gesang läßt das Männchen das ganze Jahr über ertönen, mit Ausnahme der Mauserzeit. Wenn die Voliere gut bepflanzt bzw. mit Gesträuch gut ausgestattet ist, fühlt sich der Girlitz darin besonders wohl.
Zucht: Bei richtiger Unterbringung und Pflege schreitet das Girlitzpaar leicht zur Brut. Oft schlüpfen jedoch keine Jungen, oder sie werden nicht aufgezogen. Die Gründe hierfür sind noch nicht restlos geklärt. Das Männchen ist häufig zu aufgeregt und versucht dann auch andere Bewohner der Voliere vom Nest fernzuhalten. Vor allem duldet es keine Männchen der eigenen Art in der Voliere oder in deren unmittelbaren Nachbarschaft. Am besten klappt es mit der Zucht, wenn das Paar für sich in einer kleineren Voliere untergebracht ist und keinen Sichtkontakt zu weiteren Artgenossen oder ähnlich aussehenden Vögeln hat. Dann widmen sich die Vögel zuverlässiger dem Brutgeschäft und der Aufzucht der Jungen. Manchmal liegt das Aufgeben der Jungen auch an einem nicht ausreichenden Futterangebot. Gerade beim Vegetarier Girlitz stößt man hier erstaunlicherweise auf Schwierigkeiten. Es ist also ein vielfältiges Angebot an halb- und frischreifen Wildsämereien notwendig, die im Kapitel »Körnerfutter« genannt sind. Auch Nistplätze sind in unterschiedlicher Art und Höhe anzubieten. Drahtgeflechtkörbchen oder »Sabelsche Nistklötze«, gut mit Douglastannenreisig oder anderem Grün besteckt, eignen sich besonders gut als Nestunterlage. Werden die Nester gut versteckt angebracht, etwa hinter Gebüsch oder in dichten Immergrünen, dann werden sie auch gern angenommen. Außer Kokos- und Sisalfasern sollten weiche, trockene Gräser, Würzelchen, Moos, Flechten, Federchen, Haare und Scharpie als Nistmaterial angeboten werden.
Ernährung: Da der Girlitz fast reiner Vegetarier ist, dienen ihm vor allem die vielen Wildkrautsämereien als Nahrung. Ganz besonders haben es ihm die vom Hirtentäschelkraut, Vergißmeinnicht, Vogelknöterich, verschiedener Gräser und Vogelmiere angetan. Von den käuflichen Samen werden Glanz und auch Hirse, besonders in gekeimtem Zustand, Perillasamen, Negersaat und Rübsen vorgezogen, ferner Mohn.

Fichtenkreuzschnabel
(Loxia curvirostra)
auch Tannenvogel, Christvogel, Zapfenbeißer und Zigeunervogel genannt
Engl.: Red Crossbill

Kennzeichen: Länge 16 bis 17 cm, Flügellänge 95 mm, Gewicht 40 bis 45 g. Gekreuzter Schnabel, kurzer gegabelter Schwanz und papageienhafte Kletterbewegungen. Männchen und Weibchen sind sehr unterschiedlich gefärbt, s. Foto. Jungvögel ähneln Weibchen, jedoch brauner und oberseits wie unterseits kräftig längsgestrichelt. Die ersten 1 bis 3 Monate Schnabel noch nicht gekreuzt.
Nestlinge mit dunkelgrauen Dunen auf der Oberseite, Rachen rötlich-lila und gelb gezeichnet, Schnabelrandwülste hellrosa bis gelblich-weiß.
Lautäußerungen: Im Fluge laut »gipp gipp«, während der Balz oft in schnellen, langen Reihen wiederholt. Lock- oder Stimmfühlungslaute »tök« und »zirr«. Der Gesang besteht aus Reihen von Lockrufen und melodischem Zwitschern. Dazwischen nasale, schnurrende und krähende Motive.
Verbreitung und Lebensraum: Überall in Europa, wo Nadelwälder sind, vor allem in Gebirgen, ferner in Nordafrika, in der Türkei und im Kaukasus. Ostwärts bis Sachalin und im Norden Japans. Sogar in den Gebirgen Indochinas und im Norden der Philippineninsel Luzon. In Nordamerika vom Süden Alaskas bis Neufundland. Im Osten Kanadas und den Gebirgen der USA bis Nordcarolina, im Westen bis zum Süden Kaliforniens und in den Gebirgen durch Mexiko bis Nicaragua.
Der Lebensraum des Fichtenkreuzschnabels sind die Fichten- und Tannenwälder. Mit seinem gekreuzten Schnabel ist er in der Lage, die Samen aus den Zapfen dieser Bäume zu holen bzw. die darüberliegenden Schuppen zu entfernen. Er schafft dies auch bei Kiefernzapfen, allerdings fällt es ihm dort schwerer. Und er verschmäht auch keine Lärchen-, Erlen- und Birkensamen, wird aber immer dort zu finden sein, wo die Fichte *(Picea abies)*, auch Rottanne genannt, reichlich Zapfen mit Samen trägt. Von dem Vorhandensein der Fichtenzapfen oder auch der Zapfen der Tanne *(Abies alba)*, auch Weißtanne genannt, macht dieser Vogel sogar sein Brutgeschäft abhängig, denn die Samen dieser Bäume sind sein wichtigstes Aufzuchtfutter. Um also reiche Vorkommen von Fichten- und Tannensamen zu finden, unternimmt der Fichtenkreuzschnabel unregelmäßige und ungerichtete Streifzüge; er »zigeunert« umher. Wenn aber in den weiten Gebieten seiner nordischen und östlichen Heimatgebiete die Nadelholzsamen knapp sind, zieht der Fichtenkreuzschnabel in oft großen Flügen invasionsartig in Mittel- und Westeuropa ein. Er ist dann manchmal sogar auf Friedhöfen, in Parks und Gärten zu beobachten, wenn dort samentragende Bäume für ihn zu finden sind.
Fortpflanzung. Der Fichtenkreuzschnabel ist von der Jahreszeit weitgehend unabhängig, was sein Brutgeschäft betrifft. Für ihn ist das Angebot an Fichtensamen weitaus wichtiger. Sind samentragende Bäume in Mengen vorhanden, schreitet er zur Brut, selbst bei Schnee und Frost. Am häufigsten sind sogar Bruten von Dezember (darum

Oben: Das Fichtenkreuzschnabel-Männchen bekommt seine rote Färbung meistens erst im zweiten Jahr.

Unten: Das Weibchen des Fichtenkreuzschnabels brütet selbst bei Schnee und Frost.

Christvogel) bis April, weil dann die Fichtensamen den richtigen Reifegrad erreicht haben.

Das Männchen singt sehr fleißig während der Balz. Es füttert dann auch schon sein Weibchen. Dieses baut ein recht umfangreiches Nest, am liebsten hoch auf Fichten und von überhängenden Zweigen versteckt. Manchmal wird das Nest weit außen auf einem Zweig errichtet, manchmal dicht an den Stamm gelehnt. Es besteht aus Reisern, die vor allem für den Unterbau verwendet werden, aus Gräsern, Wurzelfasern, Moos, Flechten, manchmal auch Rindenstückchen. Zur Auspolsterung sucht das Weibchen feine Grashalme, Wolle, Haare und auch Federn und trägt sie gebündelt zum Nest. Bei der Suche nach Niststoffen wird das Weibchen vom Männchen begleitet. Doch nur selten ist beobachtet worden, daß es selbst Nistmaterial trägt oder daß es sich am Bau des Nestes beteiligt. Das Männchen muß sich aber intensiv um Futter kümmern, wenn sein Weibchen vom ersten Ei an brütet. Dies ist erforderlich, denn bei den zur Brutzeit oft herrschenden Minustemperaturen würden die Eier sonst platzen. So verläßt das Weibchen während der gesamten Brutzeit täglich nur ganz kurz das Nest, um sich zu entleeren und zu trinken.

Das Gelege besteht aus 3 bis 4 Eiern, die grünlich-weiß oder hell blaugrau sind und braune bis violette und schwarze Punkte, Flecke oder Kritzel aufweisen, besonders rund ums stumpfe Ende. Die Brutdauer beträgt 14 bis 16 Tage. Die Jungen schlüpfen alle am gleichen Tage oder an zwei aufeinanderfolgenden Tagen. Das bedeutet, daß die zuerst gelegten Eier nicht gleich bebrütet, sondern nur vor Kälte geschützt werden. Die Jungen erhalten von der hudernden Mutter an den ersten zehn Tagen fast ständig Wärme und auch das Futter, das vom Männchen gesammelt, im Kropf herbeigetragen und an das Weibchen gegeben wird. Dieses füttert die gut vorverdauten Samen an die Kleinen. Nach etwa einer Woche werden die Jungen auch schon vom Vater direkt gefüttert. Sie bleiben zumeist 16 bis 20 Tage im Nest. Nach dem Ausfliegen werden sie etwa eine Woche lang von beiden Eltern gefüttert. Danach versorgt das Männchen die Jungen alleine, weil das Weibchen dann oft schon die zweite Brut beginnt.

Haltung: Der Fichtenkreuzschnabel ist ein sehr beliebter Pflegling für den großen Käfig und die Voliere. Er ist nicht scheu, dagegen sehr widerstandsfähig und ausdauernd. Oft erreicht er ein Alter von 10 bis 15 Jahren. Da er überhaupt nicht kälteempfindlich ist, kann er ganzjährig in einer Gartenvoliere gehalten werden. Um ihn aber vor Regen und Stürmen zu schützen, sollte ein Teil der Voliere geschlossen oder ein ungeheizter Innenraum vorhanden sein. Im allgemeinen ist der Fichtenkreuzschnabel friedlich gegenüber anderen Vögeln. Zur Brutzeit jedoch wird man ihn paarweise getrennt unterbringen, um Störungen zu verhindern.

Wichtig ist, seinen Käfig bzw. seine Voliere stets mit frischen Nadelholzzweigen auszustatten. Er fühlt sich nicht nur in der für ihn gewohnten Umgebung wohler, sondern nimmt auch die Knospen und Nadeln dieser Bäume auf, was für seine Gesundheit sehr wichtig zu sein scheint. Leider macht er vor Nadelbäumen und anderen Pflanzen in seiner Voliere nicht halt, sondern zernagt sie in sehr kurzer Zeit. Zu den wenigen Sträuchern, die er in Ruhe zu lassen scheint, gehören Schwarzer und Roter Holunder.

Zucht: Die Zucht des Fichtenkreuzschnabels ist schon mehrfach gelungen. Aufsätze darüber finden sich in mehreren älteren Jahrgängen der »Gefiederten Welt«. Einen Bericht aus jüngster Zeit hat Gerhard Rhein in »Die Voliere« (Heft 4/1981) veröffentlicht. Im selben Jahr hat er mit einem Paar 11 Jungvögel (6 Männchen, 5 Weibchen) großgezogen, die alle geschlossen beringt werden konnten. Er hat also ein sehr gut harmonierendes Paar gehabt, was leider nicht immer der Fall ist. Ebenso hatte er Glück, daß ihm sein Paar ein Jahr zuvor erhalten blieb. Er schrieb dazu: »Im April 1980 hatte ich von diesem Paar schon einmal Jungvögel, die allerdings nur 11 Tage alt wurden. Durch Verfütterung mit Insektizid behandelter Fichtenzweige, die gegen die Fichtenlaus behandelt worden waren, verlor ich innerhalb von 2 Stunden die 4 Jungvögel. Nur mit größter Mühe bekam ich die Altvögel mit Antibiotika- und Vitamingaben über die nächsten Tage hinweg. Sie zeigten hochgradige Vergiftungs- und Lähmungserscheinungen. Es dauerte 3 Monate, bis sich die Altvögel wieder erholt hatten.« An Aufzuchtfutter gab Rhein seinen Vögeln vor allem Rotfichtenzapfen mit den Ästen, ferner Zweige von Douglasien, Fichten und Weymouthskiefern, von denen die Knospen und Nadeln verzehrt wurden. Außerdem nahmen die Vögel Sonnenblumenkerne, Hanf, Negersaat und getrocknete Ebereschenbeeren, während sie Mehlwürmer und Fliegenmaden verschmähten.

Erwähnenswert scheint mir die Tatsache, daß während der ersten Brut Temperaturen von –10 °C erreicht wurden, während des Schlupfs auch noch –8 °C. Auch Michael Wehner schreibt in der »Gefiederten Welt« (Heft 9/1979), daß sein Fichtenkreuzschnabelweibchen bei –10 °C brütete. Es bettelte den Hahn an, wenn dieser in die Nähe des Nestes kam, indem es mit den Flügeln schlug und leises Piepen hören ließ. Bei Wehner flogen die Jungvögel mit 17 bis 18

Tagen aus. Er erwähnt ferner, daß der schottische Feldornithologe Desmond Nethersole-Thompson in seinem Buch »Pine Crossbills« 20 bis 25 Tage als Nestlingszeit bei freibrütenden Kreuzschnäbeln festgestellt hat. Es scheint bei dieser Art deswegen größere Schwankungen in der Brut- und Nestlingsdauer zu geben, weil Temperatur und Nahrungsangebot sehr schwanken können. Als Nistmaterial wurden folgende Baustoffe genommen: Reisig, verschiedenste Gräser, Wurzelfasern, Moos, Flechten, Kokos-, Hanf- und Sisalfasern, Scharpie, Tierhaare, Wolle, Federchen sowie alte Kanariennester. Diese wurden entweder zerrupft oder von den Vögeln als Unterbau für ihr eigenes Nest benutzt. Es wurden meistens Nestunterlagen angenommen, und zwar Kanariennistkörbchen aus Peddigrohr oder Drahtgeflecht, bei G. Rhein auch Bruttaschen aus Ginsterzweigen. Ob die Nestunterlage sehr versteckt oder ganz offen angebracht wurde, war den Vögeln ziemlich gleich, da sie während der Brut und Jungenaufzucht ganz besonders zutraulich wurden.

Ernährung: Das wichtigste Futter ist zweifellos Fichtensamen, der sowohl in Zapfen wie auch pur vom Boden oder aus Futternäpfen genommen wird. Die anderen Nadelholzsamen sind ebenfalls beliebt, vor allem Tannen- und Lärchensamen. Ein Körnerfuttergemisch sollte außer Nadelholzsamen folgende Bestandteile haben: Sonnenblumenkerne, Hanf, Leinsaat, Rübsen, Mohn, Distelsamen, Hirse und Glanz. Ebereschenbeeren (vor allem deren Kerne) sowie Kürbiskerne gehören zur Lieblingsnahrung des Fichtenkreuzschnabels. An Grünes wie Vogelmiere und Wildkräuter und deren Samen geht er unterschiedlich gerne, ebenso an Lebendfutter wie Mehlwürmer, Ameisenpuppen, Fliegenmaden und andere. Auch Aufzuchtfutter, wie es für Kanarien und Sittiche im Handel ist, wird von manchen Vögeln gerne, von anderen überhaupt nicht gemocht.

Besonderes: Die rote Gefiederfärbung der Fichtenkreuzschnabel-Männchen geht bei der Haltung im Käfig und in kleineren Volieren leicht verloren und weicht einem Gelbgrün. Bei Vögeln, die in sehr großen Volieren untergebracht sind, bleibt das Rot manchmal auch nach der Mauser erhalten. Das liegt an den besseren Bewegungsmöglichkeiten, wodurch der Stoffwechsel angeregt wird. Auch Gaben von Canthaxanthin, einem roten Farbstoff auf natürlicher Basis, verhilft den Hähnen zu einem sehr schön roten Gefieder.

Eine andere Besonderheit ist diese: Manchmal finden sich unter den Fichtenkreuzschnäbeln Vögel mit schwacher weißer Bindenzeichnung in den Flügeln. M. Wehner hatte einen solchen Vogel und schreibt dazu: »Sie werden von den Ornithologen damit erklärt, daß sich die Fichtenkreuzschnäbel aus den Vorfahren der Bindenkreuzschnäbel entwickelt haben. Die Binden sind ein sogenanntes »throwback«, also ein Durchbruch von Erbanlagen, die bei der großen Mehrzahl der Fichtenkreuzschnäbel nicht mehr wirksam sind«.

Halte- und Zuchtbedingungen für den Kiefernkreuzschnabel *(Loxia pytyopsittacus),* englisch Parrot-Crossbill, und den Bindenkreuzschnabel *(Loxia leucoptera),* englisch Two-barred Crossbill

Mit der Heckenbraunelle kann ein Vogelzüchter sehr viel Freude haben.

Sie ist friedlich, hat einen interessanten Gesang und wird auch in der Regel bald für Nachwuchs sorgen.

oder White-winged Crossbill, sind sehr ähnlich denen des hier behandelten Fichtenkreuzschnabels.

Heckenbraunelle

(Prunella modularis)
Engl.: Dunnock, Hedge-Sparrow

Kennzeichen: Länge 14 bis 15 cm, Flügellänge 72 bis 80 mm, Gewicht etwa 19 g. Männchen und Weibchen sind stets gleich gefärbt. Flügge Jungvögel zeigen eine Längsstrichelung auf der Unterseite. Nestlinge haben dunkelgraue Dunen und einen orangeroten Rachen mit gelben Schnabelrandwülsten.

Lautäußerungen: Lockt »zieht«, auch im Fluge, manchmal schnell hintereinander »zizizizi«. Gesang zwitschernd, klirrend und wirbelnd. Das Männchen sucht zum Singen einen erhöhten Platz auf, eine sogenannte Singwarte. Während des Vortragens werden die Flügel und der Schwanz ruckartig bewegt.

Verbreitung und Lebensweise: Ganz Europa außer im Süden der Mittelmeerländer, im Osten bis zum Ural, ferner im Kaukasus, im Norden des Irans und in der Türkei.

Sie lebt in Nadel-, Misch- und Laubwäldern, vor allem dort, wo viel Unterholz ihr Schutz und Nistgelegenheiten bietet. Außer im Flachland ist sie auch im

Gebirge bis an die Baumgrenze zu finden, wo sie gern ihr Nest in die dichten Büsche der Latschenkiefer baut. Sonst kann sie auch in Feldgehölzen, in Parks, Gärten und auf Friedhöfen gefunden werden. Überall wo genügend Gebüsch ihr Deckung bietet, ist sie heimisch, allerdings kaum zu beobachten, da sie sehr heimlich tut und sich in den Verstecken und am Boden huschend fortbewegt. Nur im Frühjahr sitzt das Männchen häufig auf der Spitze eines kleinen Nadelbaumes oder auf einem freistehenden Zweig, um zu singen.
Ihre Nahrung sucht die Heckenbraunelle auf dem Boden. Sie besteht im Frühjahr und Sommer überwiegend aus Insekten, deren Larven, kleinen Nacktschnecken und vor allem aus Spinnen. Es werden auch viele Blattläuse aufgenommen. In den Spätsommer- und Herbstmonaten bilden Beeren einen großen Teil ihrer Nahrung, auch feine Sämereien. Im Winter kommt die Heckenbraunelle an das Futterhäuschen, wo sie vom Weichfutter, Obst, Rosinen und kleine Samen, vor allem Mohn aufnimmt. Es bleiben nicht alle Heckenbraunellen in ihrer Brutheimat. Viele ziehen im September oder Oktober nach West- und Südwesteuropa, um im Februar oder März zurückzukehren. Die Vögel, die bei uns überwintern, sind zum Teil aus dem Nordosten Europas zugezogen.
Fortpflanzung: Meist wird Mitte April die erste von zwei Jahresbruten begonnen. Das Männchen sitzt viel auf seiner Singwarte, um mit seinem Gesang Rivalen vom Revier fernzuhalten und ein Weibchen anzulocken. Dieses baut das Nest in Bodennähe, seltener bis in 2 oder 3 m Höhe in dichtes Gebüsch, Nadelbäumchen oder Hecken. Es wird ein recht umfangreicher, flacher Napf, dessen Unterbau aus Reisig und Krautstengeln besteht, dazu auch aus Wurzelfasern, Gräsern und Moos. Zur Auspolsterung werden Wolle, Haare und manchmal auch Federchen genommen. Meistens besteht das Gelege aus 4 bis 5 Eiern, die einfarbig türkisblau sind. Nur das Weibchen brütet. Nach 12 bis 14 Tagen schlüpfen die Jungen. An den ersten Tagen füttert nur das Weibchen die kleinen Nestlinge während des Huderns. Das Männchen übergibt das Futter an das Weibchen. Nach wenigen Tagen füttern beide Eltern die schnell heranwachsenden Jungen, die das Nest mit 12 bis 14 Tagen verlassen. Sie halten sich zuerst versteckt auf dem Boden oder auf niedrigen Zweigen auf, 4 bis 6 Tage später sind sie voll flugfähig.
Haltung: Die Heckenbraunelle ist ein anspruchsloser Vogel, was ihre Haltung, Pflege und Ernährung betrifft. Durch ihr interessantes Verhalten und ihre Munterkeit gleicht sie ihre farbliche Bescheidenheit sehr gut aus. Sie kann paarweise ohne weiteres in einem Käfig von 1 m Länge gepflegt werden. Interessanter ist, wenn sie in einer Gartenvoliere untergebracht ist. Da sie friedlich gegenüber den Mitbewohnern – außer gegenüber weiteren Paaren der eigenen Art – ist, kann sie gut in einer Gesellschaftsvoliere gehalten werden. In dieser wird das Paar auch brüten, und die Jungen gut aufziehen. Ein Schutzraum bzw. eine Abdeckung und ein Wetterschutz sollten vorhanden sein, wenngleich die Heckenbraunelle sich selbst bei Frostwetter gerne draußen aufhält.

Zucht: In einer Voliere mit dichten Büschen wird das Paar sicherlich bald eine Brut beginnen. Für das Nest nimmt das Weibchen manchmal Kanariennistkörbchen an, baut jedoch am liebsten freistehend in kleinen Tannen oder anderen dichten Nadelbäumchen. Auch Bruttaschen aus Douglastannenzweigen, Ginstergestrüpp oder Heidekraut nimmt sie an. Das Nest wird aus dünnem Reisig, trockenem Gras und vor allem aus Moos gebaut. Für die Auspolsterung können neben Tier- und Pflanzenwolle auch Sisalfasern und Scharpie gegeben werden.
Über Balz, Paarung und Aufzucht berichtet Werner Jacobs in der »Gefiederten Welt« (Heft 5/1977) ausführlich: Nachdem der Hahn die Henne wenige Male in der Voliere hin und her getrieben hat, setzte sie sich auf den Boden. Der Hahn umkreiste sie hüpfend, woraufhin sie die Flügel hängen ließ, den Schwanz steil aufrichtete und zitterte. Nach weiterem Umkreisen der Henne hüpfte er hinter ihr vor und zurück, bearbeitete erregt 3- bis 5mal mit dem Schnabel die Kloake der Henne, um darauf den Bagattungsakt zu vollziehen. Diese Art der Balz und Begattung wiederholte sich zwei- bis dreimal am Tage. Auf einem Zweig hat nie eine Paarung stattgefunden, wie Jacobs schreibt.
Das Weibchen brütete sehr fest und ließ sich nicht stören. Es huderte auch die kleinen Jungvögel alleine. Nach jeder Fütterung wurde jedoch erst der Kotballen fortgetragen, und zwar an die hellste Stelle der Voliere, wie Jacobs beobachtete. War er in der Nähe, legten beide Eltern die Kotballen zunächst auf einem Ast ab, um sie nach seinem Fortgehen zum hellsten Platz zu tragen. Die Jungvögel verließen bei Jacobs schon am 11. Tag das Nest, wahrscheinlich wegen einer größeren Störung durch ihn. Mit 6 Wochen waren die jungen Heckenbraunellen schon in der Mauser.
Ernährung: Die Heckenbraunelle ist ein Gemischtköstler, sie nimmt sowohl tierische wie pflanzliche Nahrung zu sich. So können ganzjährig einige kleine Mehlwürmer oder Getreideschimmelkäfer-Larven gegeben werden, ferner ein feines Weichfutter, das mit hartgekochtem Eigelb oder Quark vermischt werden kann. Im Frühjahr und Sommer sollten frische Ameisenpuppen (von Rasenameisen), Blattläuse, Spinnen, kleine Nacktschnecken, kleine grüne Raupen und Wiesenplankton gereicht werden, vor allem zur Aufzucht der Jungen. Daneben werden auch gern milchigreife Sämereien genommen, so z.B. die der Vogelmiere. Auch gekeimte Sämereien eines guten Waldvogel-Mischfutters sind sehr begehrt. Am besten ist eine Mischung für Zeisige. Mohn ist besonders beliebt und bildet im Herbst und Winter einen wichtigen Teil der Nahrung. Geriebene Möhre oder Apfel können unter das Weichfutter gegeben werden, auch kleingeschnittene Rosinen und Feigen.

Singdrossel
(Cichloselys philomelos, Syn. *Turdus philomelos)*
Engl.: Song-Thrush

Kennzeichen: Länge 22 bis 24 cm, Flügellänge etwa 120 mm, Gewicht etwa 70 g. Männchen und Weibchen sind gleich gefärbt, s. Foto.

Typischer als die hübsche blaue Farbe der Eier ist die ausgetöpferte Mulde für das Nest der Singdrossel. Es sollten in ihrer Voliere daher feuchter Lehm und Holzmulm zur Verfügung stehen.

Jungvögel gefleckter, Schlüpflinge mit gelblichbraunen Dunen, leuchtend gelbem Rachen und weißlichgelben Schnabelrandwülsten.

Lautäußerungen: Lockruf »zipp«, auch während des Fluges und des nächtlichen Zuges. Alarmzetern nicht so gellend wie bei der Amsel. Gesang sehr abwechslungsreiches Flöten und Zwitschern, jedes Motiv ein- oder zweimal wiederholt.

Verbreitung und Lebensweise: Ganz Europa bis Nordspanien, Sizilien und Nordgriechenland, ostwärts bis zum Baikalsee, Kaukasus und Westiran. Im Südosten Australiens und in Neuseeland eingebürgert.

Sie ist sowohl im Wald, als auch in Feldgehölzen, Parks, Gärten und auf Friedhöfen anzutreffen. Tiefland oder Gebirge kommen als Lebensraum gleichermaßen vor. Ihre Nahrung sucht sie auf dem Boden, wobei sie einige hastige Trippelschritte macht und dann plötzlich stehen bleibt. Sie sucht Insekten, deren Larven, Regenwürmer und vor allem Schnecken. An bestimmten Steinen schlägt sie mit ihrem Schnabel die Schneckengehäuse entzwei, um an das weiche Innere zu gelangen. An solchen Plätzen finden sich viele leere Gehäuseteile. Im Sommer und Herbst nimmt die Singdrossel auch viele Beeren und Früchte zu sich.

Im September oder Oktober verlassen uns die Singdrosseln, um in West- und Südwesteuropa zu überwintern. Einige fliegen sogar bis nach Nordafrika. Im Februar oder März kehren sie bereits zurück.

Fortpflanzung: Die Singdrossel baut ihr Nest in Büsche oder Bäume bis in etwa 10 m Höhe. Gern wird ein kleiner Nadelbaum dafür gewählt und das Nest dicht an den Stamm gelehnt. Das Weibchen baut alleine und wählt dafür Reisig, Gras, Wurzelfasern, Moos und altes Laub. Das Nest hat eine tiefe Mulde. Diese ist nicht, wie bei anderen Vögeln, ausgepolstert, sondern mit Holzmulm, Schlamm, Dung und Speichel ausgetöpfert. Das Gelege besteht aus 3 bis 6 hellblauen Eiern, die nur wenige rundliche schwarze Flecke haben, vor allem am stumpfen Ende. Das Weibchen brütet 12 bis 14 Tage lang allein. Die Jungen werden von beiden Eltern gefüttert und fliegen mit 12 bis 16 Tagen aus. Sie können dann noch nicht fliegen und verstecken sich im Gebüsch und Gras. Zumeist werden zwei Bruten durchgeführt, eine im April/Mai, die andere im Juni/Juli.

Haltung: Früher wurde eine Singdrossel häufig alleine des Gesangs wegen in der Wohnung gehalten, was heute selten vorkommt. Sie singt dann zwar besonders fleißig, doch ist ihr Gesang dafür reichlich laut. In einer Voliere im Garten und dort in Gesellschaft anderer Vögel läßt sie längst nicht so häufig ihre Stimme hören. Sie ist ein friedlicher und interessanter Pflegling, der bis zu 15 Jahre alt werden kann.

Diese noch junge Singdrossel zeigt schon großes Interesse an den Beeren der Eberesche, den sogenannen Vogelbeeren.

Zur Zugzeit im September/Oktober wird sie etwas unruhig. Da sie nachts zieht, fliegt sie dann öfter hoch und kann sich am Maschendraht der Oberseite den Kopf verletzen. Für diese Zeit, die nur 2 bis 4 Wochen dauert, sollte die Singdrossel in einen großen Käfig gesetzt werden, der eine weiche Decke hat; eine dünne Schaumstoffdecke ist dafür ideal.
Zucht: Die Zucht soll nach Berichten in älterer Literatur schon oft gelungen sein. Zuchtberichte aus jüngerer Zeit fehlen leider.
Neben Reisig und den üblichen Stoffen für den Nestbau sollten feuchtgehaltene Erde und Lehm nicht fehlen, denn damit töpfert das Weibchen das Nest aus. Als Neststandort eignen sich vor allem kleine Nadelbäume. Es sollten außerdem größere Nistkörbchen aus Maschendraht geformt werden, die auch gern angenommen werden. Sie müssen aber gut mit Tannengrün verkleidet werden.
Ernährung: Wie bei Amsel und Star angegeben. Es können ferner kleine Gartenschnecken mit Gehäuse gereicht werden, die dann an einem großen Stein geöffnet werden.

Amsel
(Merula merula, Syn. *Turdus merula)*
auch Schwarzdrossel, Schwarzamsel und Merle genannt
Engl.: Common Blackbird

Kennzeichen: Länge 25 bis 28 cm, Flügellänge 122 bis 130 mm, Gewicht 85 bis 95 g, im Winter durch Fettansatz bis 105 g. Männchen und Weibchen unterschiedlich, s. Foto.
Jungvögel mehr rötlichbraun, unterseits kräftig gesprenkelt, s. Foto. Nestlinge haben wenige dunkelgraue Dunen. Der Rachen ist leuchtend gelb.
Lautäußerungen: Gedämpft »sirrb«, erregt »tack tack«, das sich zu »tixtixtix« und lautem Zetern steigern kann. Bei Gefahr durch Bodenfeinde weich »djück«, bei Gefahr durch Greife langgezogen »sih«. Gesang lautes, volles Flöten, nicht wiederholte Motive wie bei der Singdrossel. Viele verschiedene Motive, die meisten erlernt.
Verbreitung und Lebensweise: Europa bis zum Ural, mit Ausnahme des nördlichen Skandinaviens. Auch auf den Azoren, Madeira, den Kanarischen Inseln und im westlichen Nordafrika. Von Israel und der Türkei bis nach China. Im Südosten Australiens und in Neuseeland eingebürgert.

Junge Amseln werden von Laien oft nicht erkannt. Es wird dann oft mit falschem Futter versucht, sie aufzupäppeln.

Früher war die Amsel nur Waldvogel. Jetzt ist sie überall in Gärten, Parks und Grünanlagen anzutreffen, selbst mitten in Großstädten. Wo Gebüsche und Hekken vorhanden sind, wird sie nicht fehlen. Während ein Teil der Amseln im Herbst nach West- und Südeuropa fortzieht, bleiben andere in ihren Brutrevieren. Vor allem die Weibchen und die jüngeren Männchen scheinen auf die Wanderung zu gehen. Sie fliegen meist nachts.

Fortpflanzung: Meistens besetzen die Amselmännchen schon früh das Revier. Schon Ende März/Anfang April findet die Balz statt. Das Männchen hebt und senkt die Flügel, während es mit gesträubtem Nackengefieder und gefächertem Schwanz das Weibchen umkreist. Es singt dabei leise. Das Weibchen pickt nach seinem gelben Schnabel und den gelben Augenringen, während es sich duckt.

Das Weibchen baut alleine das Nest aus Krautstengeln, Stroh, Grashalmen, altem Laub und Moos. Es wird innen mit feuchter Erde und Speichel ausgetöpfert und mit feinen Halmen und Wurzelfasern ausgepolstert.

Als Neststandort sind dichte Büsche, Bäume und Hecken bevorzugt, und zwar von Bodennähe bis in 15 m Höhe. Häufig werden Nester auch auf Mauern, Fenstersimse, zwischen Geräte in Schuppen und an andere, oft außergewöhnliche Plätze gesetzt.

Das Gelege besteht aus 4 bis 6 Eiern, die hellgrün oder bläulichgrün sind und viele feine Flecke von hellbrauner Farbe haben. Das Weibchen brütet alleine. Nur ganz selten wird es auch vom Männchen abgelöst. Das Weibchen macht mehrere Brutpausen täglich, um sich zu entleeren und um Wasser und Futter aufzunehmen. Die Jungen schlüpfen nach 12 bis 14 Tagen. Sie werden von beiden Eltern gefüttert. Das Weibchen hudert allerdings an den ersten Tagen sehr intensiv, so daß es manchmal Futter vom Männchen übergeben erhält. Die Jungen wachsen schnell heran und verlassen das Nest schon mit 13 bis 16 Tagen. Sie sind dann noch flugunfähig und verstecken sich auf dem Boden und im Gezweig der Büsche. Sie werden noch etwa 14 Tage gefüttert, zunehmend vom Männchen. Das Weibchen beginnt dann meistens schon mit der zweiten oder dritten Brut. Die Nahrung für die Jungen ist fast ausschließlich tierischer Art. Sie besteht aus Regenwürmern, Raupen, Schnekken, kleinen Fröschen und auch aus frisch geschlüpften Vögeln, meistens solcher Arten, die auf dem Boden brüten wie Fitis und Waldlaubsänger.

Haltung: Die Amsel wird manchmal als Einzelvogel des sehr schönen Gesangs wegen im Käfig oder in einer Gartenvoliere paarweise gehalten. Wenn ein Schutzhaus vorhanden ist, kann sie ganzjährig nach draußen gelassen werden. In Gesellschaft von Finkenvögeln ist sie friedlich, doch muß zur Brutzeit

aufgepaßt werden, daß es nicht zu Übergriffen auf deren Nester kommt.
Amseln sind in der Obhut des Menschen bis zu 20 Jahre alt geworden. Ihr Schmutzen und ihr großer Bedarf an tierischer Nahrung hält sicher viele Liebhaber von ihrer Haltung ab.
Zucht: Die Zucht gelingt recht leicht, am besten, wenn das Amselpaar für sich in einer bepflanzten Voliere untergebracht ist. Als Nistunterlage können Körbchen aus Drahtgeflecht geformt oder flache Kästen geboten werden. Sind diese in kleinen Nadelhölzern angebracht, nimmt das Paar sie meistens sofort als Nestplatz an. Auch Nisttaschen aus Ginstergestrüpp oder Douglastannenzweigen sind willkommen. An Nistmaterial sind neben den oben beschriebenen Stoffen auch Kokos- und Sisalfasern erwünscht, mit denen meistens die Nestmulde ausgelegt wird. Etwas lehmige Erde sollte auch nicht vergessen werden. Während bei anderen Züchtern die Jungen mit 13 bis 14 Tagen das Nest verließen, berichtet A. Weißbrodt in der »Gefiederten Welt« (Heft 3/1966) von einer dreiwöchigen Nestlingszeit seiner Jungamseln. Auch beobachtete Weißbrodt das Übergeben der Mehlwürmer durch das Männchen an das Weibchen, das auf dem Nest saß und sie den Jungen weitergab. Übrigens brütete das Weibchen so fest, daß es sich nicht vom Nest vertreiben ließ und damit Nestkontrollen unmöglich machte. Vielmehr sind beide Eltern sehr besorgt um Gelege und Jungvögel, denn sie greifen selbst ihren Pfleger an, wenn dieser sich dem Nest zu sehr nähert (»Avicultural Magazine«, Heft 3/1981).
Ernährung: An tierischer Nahrung werden Regenwürmer, Nacktschnecken, Asseln, vielerlei Insekten, Mehlwürmer, Fliegenmaden, Heimchen und Grillen genommen. Ein käufliches Weichfutter, mit Ei, Quark, gekochtem Rinderherz oder rohem, magerem Hackfleisch vermischt wird ebenfalls nicht verschmäht. Zur Jungenaufzucht sind große Mengen lebender tierischer Nahrung erforderlich, weshalb sich auch eine Wurmzucht lohnt. Nur selten wird tierische Ersatznahrung an die Jungen weitergegeben. Wichtig ist, daß etwas Erde der Nahrung anhaftet, denn die Erde ist für die Drosseln und auch für andere Weichfresser zur Verdauung notwendig.
An Beeren und Früchten kann alles gegeben werden, was für den Star empfohlen wird.
Besonderes: Die in der Natur gelegentlich beobachteten Schecken und Albinos werden im Ausland, vor allem in Belgien und in England regelmäßig nachgezogen. Dort gibt es auch silberfarbene und braune Amselmännchen.

Rotkehlchen

(Erithacus rubecula)
Engl.: Robin, Common Robin

Kennzeichen: Länge 14 cm, Flügellänge 67 bis 76 mm Gewicht 15 bis 18 g. Männchen und Weibchen sind gleich gefärbt, s. Foto.
Jungvögel ohne Orangerot, sie sind ober- wie unterseits braun gefleckt. Nestlinge haben schwärzliche Dunen, einen leuchtendgelben Rachen und weißlichgelbe Schnabelrandwülste.
Lautäußerungen: Ruft leise »zip« oder »zit« und scharf »zick«, wenn aufgeregt auch gereiht, bei Gefahr »zieh«. Gesang

mit gepreßten Lauten und perlenden, melancholisch klingenden Trillern.

Verbreitung und Lebensweise: Europa, mit Ausnahme Nordskandinaviens, auch auf den Azoren, auf Madeira, den Kanarischen Inseln, in Nordafrika, Kleinasien, Nordiran, Kaukasus und Westsibirien.

Laub- und Mischwälder mit Unterwuchs, buschreiche Waldränder, Parkanlagen und Gärten sind bevorzugte Lebensräume des Rotkehlchens. Seine Nahrung sucht es vorwiegend am Boden, wo es zwischen Laub und Unterholz umherhuscht. Seine großen Augen ermöglichen ihm, auch im Dämmerlicht dichten Gebüschs sowie am Morgen und Abend gut zu sehen. Es sucht Insekten, deren Raupen, Spinnen, Würmer, Nacktschnecken, die ihm und den Jungen während des Frühjahrs und Sommers als Hauptnahrung dienen. Später kommen Beeren und Trauben hinzu, im Winter auch Sämereien und Fettfutter an den Futterhäuschen.

Während früher die Rotkehlchen ab September oder Oktober ihre Heimat als Zugvögel nach Italien, Südfrankreich, Nordafrika und Ägypten verließen, bleiben jetzt immer mehr in ihren Heimatrevieren. Besonders ältere Männchen sollen nicht fortziehen. Vögel aus dem Norden und Osten Europas kommen im Winter auch in unsere Gebiete. Nirgends scharen sie sich jedoch an Futterstellen zusammen, wie wir das von den Finkenvögeln her kennen. Vielmehr sind meistens nur ein, zwei Rotkehlchen zusammen anzutreffen. Sie jagen sich gegenseitig auch außerhalb der Brutzeit und sogar im Winter aus ihren Futterrevieren. Drohgesten, gegenseitiges Ansingen und Verjagen können häufig beobachtet werden.

Fortpflanzung: Im Winter bzw. im März/April findet die Anpaarung statt. Es braucht einige Zeit, bis sich Männchen und Weibchen näher kommen. Anfangs jagt das Weibchen das Männchen und singt laut. Allmählich beschwichtigen sie sich. Die Kopulation findet meistens auf einem Zweig statt, wobei das Weibchen durch Zittern mit den Flügeln das Männchen zum Befliegen auffordert. Das Weibchen baut nun das Nest, und zwar am Boden oder in Bodennähe. In Löchern im Waldboden, Uferböschungen oder Mauern, in Baumstümpfen oder Baumhöhlen, unter Treppen oder Wurzeln, in Schuppen zwischen Gerümpel, sogar in Konservendosen wird das Nest gebaut. Es wird aus alten Blättern und Moos errichtet und mit Haaren, Pflanzenwolle und Fasern ausgelegt. Da es sehr gut getarnt und versteckt ist, findet man es schwer.

Das Weibchen legt durchschnittlich 5 bis 6 rahmfarbene Eier, die rötlichbraun gefleckt sind, vor allem am stumpfen Ende. Die Brutdauer beträgt 13 bis 15 Tage. Nur das Weibchen brütet, das Männchen bringt ihm Futter, wie schon zur Balz, und übergibt dieses außerhalb des Nestes oder auch auf dem Nestrand. Das Männchen ist ferner mit der Revierverteidigung beschäftigt, was es singend und, falls sich Rivalen sehen lassen, drohend und jagend macht. Es zeigt dann die rote Brust und plustert sie noch auf. Bei der Jungenfütterung hilft es seinem Weibchen und füttert die mit 14 bis 16 Tagen schon Ausgeflogenen überwiegend alleine weiter. Das Weibchen ist dann häufig schon beim Bau des Nests

Beim Rotkehlchen ist es äußerst schwierig, Männchen und Weibchen zu unterscheiden. Sie sehen nicht nur gleich aus, sondern singen auch beide gleich. Mit der Paarbildung verstummt das Weibchen jedoch mehr und mehr.

für die zweite Brut. In günstigen Fällen werden sogar drei Bruten pro Jahr großgezogen.
Die Jungvögel wechseln während der Sommermonate ihr Kleingefieder und gleichen danach fast den Eltern. Auch die Altvögel gehen von Juli bis September in die Mauser; sie erneuern dabei auch die Schwingen und Schwanzfedern.
Haltung: Das Rotkehlchen ist wegen seiner hübschen Färbung, seiner anmutigen Bewegungen, seines schönen Gesangs und seines vertrauten Verhaltens ein sehr beliebter Vogel für die Zimmer- und Gartenvoliere. Es fühlt sich bald sehr wohl darin und findet sich gut zurecht, wobei es eine bemerkenswerte Intelligenz beweist.
Da Rotkehlchen außerhalb der Brutzeit Einzelgänger sind, ist an eine paarweise Unterbringung meist nicht zu denken. In kleineren Volieren müssen Rotkehlchen vielmehr einzeln gehalten werden, höchstens mit robusten Finkenvögeln zusammen. Ist eine Gartenvoliere größeren Ausmaßes vorhanden und gut mit Buschwerk bepflanzt, können sich auch zwei Vögel so arrangieren, daß jeder von ihnen einen Teil als Revier beansprucht. Trotzdem sind die Vögel stets unter guter Aufsicht zu halten, denn es kommt manchmal zu erbitterten Kämpfen, die mit Verletzungen oder auch dem Tod eines der Kontrahenten enden. Auch andere Vögel werden mitunter angegriffen und verletzt.
Zucht: Bei passender Unterbringung ist die Zucht in einer großen, gut bepflanzten Gartenvoliere, oder in großen oder auch kleineren Innenvolieren schon oft gelungen. Es sollte genügend Deckung vorhanden sein, damit sich die Vögel wohl und sicher fühlen und einen Nistplatz finden können. Da sie vor allem Bodenbrüter sind, bietet man Nistgelegenheiten in Bodennähe und auch direkt auf dem Boden an. Oft genügen einfache Mulden, in die das Weibchen das Nest baut. Es werden aber auch Harzer Bauer, Kaisernester oder aus Drahtgeflecht gefertigte Nestunterlagen angenommen, sowie Nistkästen bis in eine Höhe von 2 Metern. Als Nistmaterial wird altes, trockenes Laub und Gräser, Moos, Wurzelfasern, auch Kokos- und Sisalfasern, Haare, Federchen und Pflanzenwolle verwendet, von manchen Weibchen auch Scharpie. Damit wird eine gut getarnte, feste Halbhöhle gebaut und weich ausgepolstert. Das Weibchen brütet sehr intensiv und läßt sich auch von Nestkontrollen nicht stören, sondern bleibt dabei auf dem Nest sitzen (T. Vinmann, »Die Voliere«, Heft 2/1983). Anfangs kommt es nur kurz zur Futteraufnahme, zum Baden und Entleeren vom Nest herunter. An den letzten Bruttagen, wenn die Eier schon hoch bebrütet sind, bleibt das Weibchen auch länger vom Nest fern. Während dieser Zeit wird das Weibchen hin und wieder vom Männchen gefüttert. Sind genügend lebende Futtertiere vorhan-

den, werden die Jungen gut versorgt, und zwar von beiden Eltern. Sonst kann es passieren, daß die Kleinen an den ersten Lebenstagen aus dem Nest geworfen werden oder verhungern.

Am erfolgreichsten verläuft die Zucht, wenn das Paar die Voliere für sich alleine hat. Es ist aber auch möglich, darin gleichzeitig Körnerfresser zu halten und zu züchten. Natürlich darf die Voliere nicht zu klein bzw. überbesetzt sein.

Ernährung: Als Grundfutter kann ein handelsübliches Weichfutter für Zärtlinge gegeben werden, das viele Ameisenpuppen und Weißwurm (Eintagsfliegen) enthält. Von manchen Rotkehlchen wird dieses Futter nicht sofort genommen; es kann ihnen mit überbrühten, kleingeschnittenen Mehlwürmern schmackhafter gemacht werden. Auch sonstige Insekten wie Getreideschimmelkäfer-Larven, Wachsmottenlarven, »Pinkies« oder andere Fliegenlarven eignen sich dazu. Stehen lebende Insekten zur Verfügung, werden diese natürlich von den Rotkehlchen vorgezogen. Dazu gehören lebende Ameisenpuppen (nur von Rasenameisen), auch Ameisen, Grashüpfer, grüne Raupen (besonders die der Eichenwickler, die in manchen Jahren in großen Mengen auftreten), Blattläuse und Wiesenplankton. Ferner eignen sich kleine Rotwürmer, Keller- und Mauer-Asseln, Mücken (von weißen Mückenlarven aus Aquariengeschäften), Grillen und Heimchen, die gezüchtet und in jedem Entwicklungsstadium gereicht werden können, und als Lebendfutterersatz auch etwas hartgekochtes Eigelb und Rinderherz (geschabt oder kleingehackt). Auch in Rindertalg geschwenkte oder trockene Haferflocken werden während der Wintermonate sehr gern genommen, wie wir das ja auch von den Rotkehlchen an unseren Winterfütterungsplätzen her kennen. Zu dieser Zeit nimmt das Rotkehlchen auch kleine ölhaltige Sämereien, vor allem Negersaat und Mohn aber auch kleingehackte Nüsse an. Im Spätsommer und Herbst sind vielerlei Beeren die Lieblingsnahrung, z.B. rote und schwarze Holunderbeeren, Faulbaum-, Liguster-, Mehl- und Weißdornbeeren. Manchmal werden auch getrocknete Vogelbeeren genommen, ferner Rosinen (vor allem wenn sie kleingeschnitten sind) und frische Weintrauben. Zur Aufzucht der Jungen sind möglichst viele verschiedene Futtertiere bereitzuhalten; es werden große Mengen von den Eltern an die Nestlinge verfüttert.

Star

(Sturnus vulgaris)
auch Spreh genannt
Engl.: Common Starling

Kennzeichen: Länge 20 bis 22 cm, Flügellänge 121 bis 136 mm, Gewicht 72 bis 84 g. Männchen und Weibchen gleich gefärbt, s. Foto. Nach der Mauser stark gesprenkelt.

Jungstare graubraun mit weißlicher Kehle. Nestlinge haben dunkelgraue Dunen. Ihr Rachen ist leuchtend gelb.

Lautäußerungen: Ruft »star«, »spreen« sowie »spett, spett«, warnt am Nest »bschä«. Gesang pfeifend, schmatzend, flötend, schnurrend, sowie Nachahmen vieler gehörter Laute.

Verbreitung und Lebensweise: Ganz Europa mit Ausnahme Spaniens, Portu-

Stare gehören zu den interessantesten und intelligentesten Pfleglingen unter den einheimischen Vögeln. Sie werden sehr zahm und lernen häufig zu sprechen und Melodien nachzupfeifen.

gals, Korsikas, Sardiniens, wo er durch den Einfarbstar *(Sturnus unicolor)* vertreten wird. Ist auf den Azoren und Island anzutreffen, ostwärts bis zum Baikalsee, im Westen der Mongolei und in Pakistan. Eingebürgert in den USA, Südkanada, Jamaika, Südafrika, im Südosten Australiens, in Neuseeland und auf den Fidschi-Inseln.

Die nord-, ost- und mitteleuropäischen Stare ziehen im Herbst nach West- und Südeuropa und nach Nordafrika und zwar in oft riesigen Schwärmen. Sie übernachten an bestimmten Schlafplätzen in Großstädten oder in Schilfbeständen. Im zeitigen Frühjahr, oft schon im Februar, kehren sie in kleineren Flügen zurück. Trippelnd laufen sie bei der Futtersuche umher und stochern meist mit dem Schnabel im Boden nach Nahrung. Sie erweitern die Bodenlöcher durch Auseinanderspreizen der beiden Schnabelhälften, um so die Nahrung erkennen zu können. Da sie bei der Erweiterung des Lochs den Schnabel wie einen Zirkel öffnen, wird dieses für den Star typische Verhalten »zirkeln« genannt.

Sie sind in fast allen Landschaften zu finden, in Wäldern, Feldgehölzen,

Parks, Gärten, Höfen, in Dörfern und sogar in Großstädten. So vielseitig wie ihr Lebensraum ist auch ihre Nahrung. Im Frühjahr und zur Aufzucht der Jungen ernähren sie sich überwiegend von tierischer Nahrung, von Insekten, Schnecken und Würmern. Sonst nehmen sie auch zarte Triebe, frischreifes Getreide und vor allem Beeren und Früchte auf. Kirschen und Weintrauben sind ihre Lieblingsnahrung, weshalb sie in diesen Kulturen beträchtlichen Schaden anrichten können.
Stare »emsen« sich gerne ein, das heißt, daß sie sich auf Ameisenhaufen legen, um sich von Ameisen mit deren Säure einspritzen zu lassen. Auch stecken sie sich zu diesem Zweck Ameisen in ihr Gefieder.
Fortpflanzung: Es finden 1 bis 2 Jahresbruten statt. Das Männchen sucht den Nestplatz und baut das Nest aus Stroh und Grasstengeln. Es singt viel in Nestnähe und vertreibt Rivalen aus der unmittelbaren Umgebung des Nestes, das sich in einer Baumhöhle oder in einem Nistkasten, unter Dächern, in Mauerspalten oder zwischen Felsen befinden kann. Balz wie beim Gesang beschrieben, auch Balzflug. Akzeptiert das Weibchen das Nest, so wird es von ihm ausgepolstert und es legt dann 4 bis 6 hellblaue oder blaßgrüne Eier, die von beiden Partnern abwechselnd bebrütet werden. Nach 14 Tagen schlüpfen die Jungen, die von beiden Eltern gefüttert werden. In der ersten Zeit wird der Kot der Nestlinge fortgetragen. Nach 3 Wochen fliegen die Jungen aus, etwa 1 Woche später sind sie selbständig. Schon bald bilden diese Jungvögel umherstreifende Schwärme.
Haltung: Ein jung aufgepäppelter Star wird äußerst zutraulich und anhänglich. Er lernt Lieder pfeifen und manchmal ganze Sätze sprechen. Wird er als Einzelvogel gehalten, braucht er einen geräumigen Käfig. Er kann aber auch völlig frei in der Wohnung gehalten werden. Bei manchen Liebhabern darf der Star sogar frei in den Garten mit, ohne daß er fortfliegt. Er erreicht in der menschlichen Obhut häufig ein Alter von 10 bis 12 Jahren. Es ist auch schon von Staren berichtet worden, die 18 und sogar 20 Jahre erreicht haben.
Für die Haltung in einer Gemeinschaftsvoliere ist der Star wenig geeignet, da er in seiner Neugier allerlei anstellt, vor allem Nester zerpflückt und Eier bzw. Nestlinge herauswirft. Wenn mit ihm gezüchtet werden soll, dann sollte er paarweise in einer kleineren Voliere gepflegt werden.
Zucht: Die Zucht in einer Voliere oder in einem recht großen Käfig ist nicht schwer. Ein Nistkasten entsprechender Größe ist aufzuhängen. An Nistmaterial sind Stroh, Heu, Grashalme, Wurzelfasern, Reiser und Rindenstückchen, Kräuterstengel und Kokosfasern willkommen, zur Auspolsterung Sisalfasern, Scharpie, feine Halme und Federn. Die größte Schwierigkeit bei der Zucht ist die Futterbeschaffung, denn die Nestlinge brauchen große Mengen tierischer Nahrung.
Ernährung: Ein gutes Weichfutter wie für Drosseln, vermischt mit geriebener Möhre, Magerquark oder hartgekochtem Ei. Es kann auch kleingeschnittenes, gekochtes Rinderherz und rohes Schabefleisch zugefüttert werden. An tierischer Nahrung sind Ameisenpup-

Der Star weiß sich gegenüber anderen heimischen Vögeln meistens durchzusetzen. Oft nimmt er ihnen die Nistkästen weg, um seine Jungen darin aufzuziehen.

pen (von Rasenameisen) frisch oder getrocknet, etwa 10 Mehlwürmer täglich, kleine Regenwürmer, Asseln, Grashüpfer, Spinnen, Heimchen, Wachsmottenlarven, Nacktschnecken und unbehaarte Raupen begehrt.
An Beeren und Früchten nimmt der Star gerne Holunderbeeren, Heidelbeeren, Brombeeren, Himbeeren, Vogelbeeren, Kirschen, Pflaumen, Weintrauben, Rosinen, Feigen, ferner zerschnittene Birne, süßen Apfel, Banane. Eingeweichtes Weißbrot wird auch genommen, ferner das im Handel erhältliche Beofutter. Wird letzteres gegeben, sind die Ausscheidungen nicht so dünn. Als sehr gute Streu hat sich beim Star wie bei den anderen Weichfressern Hanfstroh (von Hugro in Fachzeitschriften angeboten) erwiesen, das die Feuchtigkeit aufnimmt und den Geruch bindet. Stare baden gern mehrmals täglich, darum ist öfterer Wasserwechsel erforderlich.

Verzeichnisse

Vereine und Verbände

Bundesverband für fachgerechten Natur- und Artenschutz e.V. (BNA), Lorenz Haut, BNA-Geschäftsführer, Postfach 11 10, 7521 Hambrücken.

Vereinigung für Artenschutz, Vogelhaltung und Vogelzucht (AZ) e.V., Geschäftsstelle: Helmut Uebele, Untere Au 30, 7150 Backnang.

Deutscher Kanarienzüchter-Bund e.V. (DKB), Bundesgeschäftsführer: Kurt Hettinger, Karl-Theodor-Straße 18, 6832 Hockenheim.

Verband deutscher Waldvogelpfleger und Vogelschützer e.V., Geschäftsführer: Herbert Geitner, Monestraße 25, 7525 Bad Schönborn

Bund Deutscher Waldvogelpfleger e.V., Geschäftsstelle: Stettiner Ring 50, 2121 Brietlingen.

Literaturverzeichnis

Aschenborn, C.: Einheimische Stuben-Albrecht Philler Verlag, Minden 1966.

Naturschutzrecht, Naturschutzgesetze des Bundes und der Länder, Bundesartenschutzverordnung, Washingtoner Artenschutzübereinkommen. Beck-Texte/dtv, München 1982.

Bezzel E./Gidstam B.: BLV Bestimmungsbuch Vögel. BLV Verlagsgesellschaft, München 1978.

Bezzel, E.: Vögel in der Kulturlandschaft. Verlag Eugen Ulmer, Stuttgart 1982.

Bezzel E.: Vögel 1, Singvögel. BLV Intensivführer. BLV Verlagsgesellschaft, München 1983.

Bielfeld, H.: Vögel im Haus, Voliere und Natur. Buch und Zeit Verlagsgesellschaft, Köln 1974.

Bielfeld, H.: Zeisige, Kardinäle und andere Finkenvögel. Verlag Eugen Ulmer, Stuttgart 1981.

Blümel, H.: Der Grünling. Die neue Brehm-Bücherei. Verlag A. Ziemsen, Wittenberg-Lutherstadt 1976.

Campbell, B.: Das große Vogelbuch. Verlag Eugen Ulmer, Stuttgart 1969.

Cibis, B.: Gefiederte Pflegekinder. Verlag J. Neumann-Neudamm, Melsungen, 1976.

Delpy, K.-H.: Volieren. Albrecht Philler Verlag, Minden 1975.

Dost, H.: Einheimische Stubenvögel. Verlag Eugen Ulmer, Stuttgart 1954.

Ebert, U.: Vogelkrankheiten. Verlag M. & H. Schaper, Hannover 1972.

Frisch, O. v.: Vögel als Wintergäste. Gräfe und Unzer, München 1983.

Frisch, O. v.: Findelkinder. Franckh'sche Verlagshandlung, Stuttgart 1968.

Grzimek, B.: Grzimeks Tierleben, 9. Band, (Vögel 3). Kindler Verlag, Zürich 1970.

Heinroth, O. und M.: Die Vögel Mitteleuropas. Hugo Bergmühler Verlag, Berlin-Lichterfelde 1926.

Heinzel, H./Fitter, R./Parslow, J.: Pareys Vogelbuch. Verlag Paul Parey, Hamburg und Berlin 1972.

Hickman, M./Guy, M.: Care of the Wild, Feathered & Furred. Wildwood. House London, Bookwise (Australia), 1973.

Jorek, N.: Vogelschutzpraxis. Herbig-Verlag, München, 1980.

Kemna, A.: Krankheiten der Stubenvögel. Albrecht Philler Verlag, Minden, 1966.

Kragenow, P.: Der Buchfink. Die Neue Brehm-Bücherei. Verlag A. Ziemsen, Wittenberg-Lutherstadt, 1981.
Kronberger, H.: Haltung von Vögeln, Krankheiten der Vögel. VEB Gustav Fischer Verlag, Jena 1973.
Krüger, S.: Der Kernbeißer. Die Neue Brehm-Bücherei. Verlag A. Ziemsen, Wittenberg-Lutherstadt, 1982.
Kyber, M.: Tierschutz und Kultur. Bio-Verlag, Hopferau-Heimen, 1982.
Neunzig, K.: Einheimische Stubenvögel. Creutz'sche Verlagsbuchhandlung, Magdeburg 1922.
Nicolai, J.: Elternbeziehung und Partnerwahl im Leben der Vögel. R. Piper & Co. Verlag, München 1970.
Nicolai, J.: Vogelhaltung-Vogelpflege. Franckh'sche Verlagshandlung, Stuttgart 1965.
Pätzold, R.: Das Rotkehlchen. Die Neue Brehm-Bücherei, Verlag A. Ziemsen, Wittenberg-Lutherstadt, 1982.
Peterson, R. T./Mountfort, G./Hollom, P. A. D.: Die Vögel Europas. Verlag Paul Parey, Hamburg 1954.
Raethel, H.-S.: Krankheiten der Vögel. Franckh'sche Verlagshandlung, Stuttgart 1966.
Reade, W./Hosking, E.: Vögel in der Brutzeit. Verlag Eugen Ulmer, Stuttgart 1974.
Robiller, F.: Käfige und Volieren in Haus und Garten. VEB Deutscher Landwirtschaftsverlag, Berlin 1983.
Rogers, C.: Das Buch der Stubenvögel. Verlag Eugen Ulmer, Stuttgart 1976.
Sabel, K.: Wald- und Wiesenvögel in Käfig und Voliere. Franckh'sche Verlagshandlung, Stuttgart 1967.
Sabel, K.: Naturgemäße Finkenzucht, Sämereien und Wildfutterpflanzen für europäische und außereuropäische Körnerfresser. JOKO-Verlag, Bassum 3, 1983.
Sachs, W. B.: Vogelpflege leicht gemacht. Franckh'sche Verlagshandlung, Stuttgart 1957.
Steinbacher, G.: Knaurs Vogelbuch. Droemersche Verlagsanstalt Th. Knaur Nachf., München 1957.
Stern, H./Thielcke, G./Vester, F./Schreiber, R.: Rettet die Vögel. F. A. Herbig Verlagsbuchhandlung, München 1978.
Wolters, H. E.: Die Vogelarten der Erde. Verlag Paul Parey, Hamburg und Berlin 1975–1981.

Fachzeitschriften

AZ-Nachrichten (AZN) ist das monatlich erscheinende Organ der Vereinigung für Artenschutz, Vogelhaltung und Vogelzucht und wird allen AZ-Mitgliedern zugeleitet. Anschrift wie oben.

Kanarienfreund heißt die Zeitschrift, die nicht nur dem DKB als Mitteilungsblatt dient, sondern auch beim Hanke-Verlag, Postfach 10 40, 7530 Pforzheim, abonniert werden kann. Sie erscheint monatlich zweimal.

Die Gefiederte Welt, Herausgeber Dr. Joachim Steinbacher, erscheint monatlich im Verlag Eugen Ulmer, Wollgrasweg 41, 7000 Stuttgart 70.

Geflügel-Börse, Verlag Jürgens KG, Industriestr. 12, 8034 Germering 1, erscheint monatlich zweimal.

Die Voliere, Verlag und Herausgeber M. & H. Schaper, Kalandstr. 4, 3220 Alfeld (Leine), erscheint monatlich.

Register

Seitenzahlen mit Sternchen* verweisen auf Abbildungen

Acanthis cannabina 101
Ahornsamen 57
Ameisenpuppen 36, 37, 64
Amsel 8*, 13*, 17, 36, 44, 45*, 47, 70*, 72, 115–117, 115*, 116*
Aufpäppeln 25, 26, 32–37
Augenentzündungen 67
Auswildern 25, 26, 34

Bachstelze 28, 34, 64*
Bactazol 69–70
Bad 66
Beeren 60–61
Behemmer 75
Beifuß 58
Bergfink 42, 43, 75–79, 76*, 77*
Beringung 17, 20, 22–24, 23*, 70
Beleuchtung 49
Bindenkreuzschnabel 110
Biotopschutz 14, 18
Birkenhänfling 99
Birkenzeisig 43, 58*, 66*, 99*, 99–101
Blattläuse 37, 64
Blaumeise 27, 33, 42
Blechmanschette für Baumstämme 30
Blutfink 84
Bluthänfling 101
Böhemlein 75
Brambling 75
Bucheckern 57
Buchfink 9*, 31, 43, 46*, 56*, 79–84, 80*
Buchfinken-Wettsingen 83–84
Bundesartenschutzverordnung (BArtSchV) 16, 17
Bundesnaturschutzgesetz (BNatG) 16, 18
Buntspecht 27, 32, 34

Carduelis cannabina 101
– *carduels* 93
Chaffinch 79
Chloris chloris 90
Cichloselys philomelos 113
Coccothraustes coccothraustes 88
Common Blackbird 115
Common Bullfinch 84
Common Robin 117
Common Serin 104
Common Starling 120
Christvogel 107

Darmentzündungen 68
Distelfink 93
Distelsamen 58
Dohle 37
Dompfaff 84
Dunnock 111

Eichelhäher 12, 17, 30, 31, 37
Eichhörnchen 32
Eifutter 35, 36, 37, 65
Eingangsschleuse 51*
Elster 12, 17, 30, 31, 37
Enchyträen 62
Entzündete Füße 68
Erithacus rubecula 117
Erlensamen 57
Erlenzeisig 96
Erwerbsbescheinigung 17, 20
Eschensamen 57
European Goldfinch 93
European Siskin 96

Fasan 37, 44
Feldsperling 43
Fettleibigkeit 68
Fichtenkreuzschnabel 48, 107–111, 108*
Fichtensamen 57
Flachsfink 99, 101
Fliegenmaden 62
Flurbereinigung 6, 11
Fringilla coelebs 79
– *montifringilla* 75
Futterhäuschen 43*, 47*
Futtersilos 54*
Futterspender 42*
Futtertisch 51*

Gänsefuß 58
Gartenrotschwanz 27, 28, 31, 34
Gartenvoliere 21*, 25, 48–54, 51*, 52*
Gehirnerschütterung 38
Gesundpflege 25, 26
Getreideschimmelkäfer-Larven 36, 62
Gewölle 37
Gimpel 12, 43, 48, 84*, 84–87, 86*
Girlitz 37, 61*, 104–106, 105*

Glanz 57
Goldammer 43
Goldfinch 93
Grassamen 58
Grauammer 43
Grauschnäpper 27, 28, 31, 34
Grauspecht 34
Greenfinch 90
Grillen 36, 62
Grünfink, 90
Grünfutter 60–61
Grünling 21, 26*, 37, 43, 60*, 90*, 90–93, 91*, 92*
Grünspecht 34

Habicht 12
Hänfling 12, 37, 59*, 101–104, 102*
Hafer 57
Hainbuchensamen 57
Haltegenehmigung 17, 26
Hanf 55
Haubenlerche 43
Haubenmeise 27, 42
Hausrotschwanz 27, 28, 31, 34
Haussperling 17, 27, 72–75, 73*, 74*
Haustaube 17
Hawfinch 88
Heckenbraunelle 27, 43, 44, 47, 72, 111–113, 111*
Hedge-Sparrow 111
Heimchen 36, 62
Herbizide 11, 12
Heuschrecken 62
Hirse 57
Hirtentäschelkraut 37, 58
Hohltaube 27
House Sparrow 72

Infrarotstrahler 35
Innenvoliere 48, 50, 51*, 53
Insektizide 11, 12
Invasion von Bergfinken 78–79
Inzucht 22
Italiensperling 72

Joko-Nistkasten-heizung 35

Käfig 48–54
Kanarienvögel 6, 25
Karminhänfling 99
Katzen 12, 30, 31, 32, 33, 38, 42, 46, 47
Keimfutter 59–60
Kernbeißer 42, 43, 88* 88–90
Kiebitz 11, 37
Kiefernkreuzschnabel 110
Kiefernsamen 57
Kirschkernbeißer 88
Kistenkäfig 49, 50
Kleiber 27, 33, 34, 42, 43
Knochenbrüche 38–40
Kohlmeise 27, 33, 42, 47*
Kranich 34
Kreuzkraut 37, 58
Kuckuck 31

Lärchensamen 57
Lebendfutter 62, 71
Legenot 68
Leinfink 99
Leinsamen 55
Linaria cannabina 101
Linnet 101
Lobfink 84
Löwenzahn 37, 57
Loxia curvirostra 107
– *leucoptera* 110
– *pytyopsittacus* 110

Mäuse 46, 53
Mäusebussard 44
Mafu-Strips 69
Marder 30, 32, 33, 53
Mauersegler 31, 31*, 37
Meerzeisig 99
Mehlkäferlarven 36, 62
Mehlschwalbe 28, 29*, 31
Melde 58
Merle 115
Merula merula 115
Mineralstoffe 37, 65
Mischlinge 6, 20
Mönchsgrasmücke 63*
Mohn 55
Mutationen 21, 22, 93, 117

Nachtkerzensamen 58
Nachweisbuch 17, 20
Naturentfremdung 7
Naturschutzbehörde, Naturschutzbeauftragter 19, 20, 23, 24, 26, 34, 46, 48
Negersaat 55
Nestschutz 30, 31, 32
Nestunterlagen 71*
Nisthaufen 27
Nisthilfen 27–29
Nistkästen 27, 28, 30*, 31*, 32
Nistkörbchen 71*
Nistmaterial 71
Nistschalen 30*, 31
Niststeine 28, 30*, 31
Nisttaschen 27, 38*

Obst 60–61

Parasiten 70
Parrot-Crossbill 110
Passer domesticus 72
–– *hispaniolensis* 73
–– *italiae* 72
–– *transcaspicus* 73
Perillasamen 57
Pinkies 36, 62
Platanensamen 57
Prunella modularis 111
Pyrrhula pyrrhula 84

Quäker 75

Rabenkrähe 17
Ratten 53
Raubwild 31
Rauchschwalbe 28, 29*, 31
Rauhfußbussard 44
Rebhuhn 11, 37, 44
Red Crossbill 107
Redpoll 99
Regenwürmer 36, 62
Robin 117
Rotkehlchen 2*, 9*, 27, 43, 44, 47, 72, 117–120, 119*
Rübsen 55

Sauerampfer 58
Schleiereule 29
Schlupflochweiten bei Nistkästen 27
Schneeammer 43
Schock 38
Schwanzmeise 42
Schwarzamsel 115
Schwarzdrossel 115
Schwarzstorch 34
Seidenschwanz 44
Serin 104
Serinus serinus 104
Sesamsaat 57
Silos 54*
Singdrossel 10*, 72, 113–115, 114*, 115*
Siskin 96
Song-Thrush 113
Sonnenblumenkerne 55
Spatz 72
Spechte 33, 42, 43
Sperber 12
Spreh 120
Spurenelemente 37, 65
Stachelkranz 31, 32*
Star 15*, 17, 27, 28, 36*, 72, 120–123
Steinkauz 27
Stiefmütterchensamen 37, 58
Stieglitz 12, 31, 43, 93–96, 95*
Stockmauser 69
Sturnus vulgaris 120
Sumpfmeise 27, 42

Tannenfink 75
Tannenmeise 27, 42
Tannensamen 57
Tannenvogel 107
Trauerschnäpper 27, 31, 32, 33
Trinkwasser 66
Tschätscher 99
Türkentaube 44, 47
Turdus merula 115
– *philomelos* 113
Turmfalke 27, 37
Two-barred Crossbill 110

Übermäßiger Krallen- und Schnabelwuchs 69
Uhu 34
Ungeziefer 69

Vergißmeinnicht-samen 58
Vitamine 37, 65
Vogelfang 6
Vogelfunde 34
Vogelknöterich 58
Vogelmiere 37, 58
Vogelsterben 6
Vogeltränke und Bad 40, 41, 54*
Volieren 48–54

Wacholderdrossel 44, 47
Wachsmottenlarven 36, 62
Wachtel 11, 37
Waldkauz 27
Waldvogelfutter 55
Wanderfalke 12, 34
Wasserspender 42*
Wegerichsamen 37, 58
Weichfutter 36, 37, 65, 71
Weidenmeise 42
Weidensperling 73
Weißstorch 34
Wellensittiche 25
White-winged Crossbill 111
Wiedehopf 27
Wiesel 53
Wiesenplankton 25, 37, 64
Wildkräuter 12
Winterfütterung 42–47

Zapfenbeißer 107
Zaunkönig 27, 43, 47
Zeisig 43, 48, 96*, 96–99
Zigeunervogel 107
Zimmervoliere 49–51, 50*
Zucht 70–71
Zuchtbuch 70
Zuchtnachweis 22–24

Bildnachweis

Zeichnungen von Claudia Hosslin, Therwil (Schweiz), nach Vorlagen des Autors.

Fotos: Umschlag, Seite 2, 9, 10, 15, 29, 36, 56, 61, 63, 64, 73, 80, 86, 95, 105, 111, 119 und 121 von Hans Reinhard, Heiligkreuzsteinach, alle übrigen Aufnahmen von Horst Bielfeld.